FEELING LOVED

Lieben ist ein Tuwort.

von Mark Colman

Die Ratschläge in diesem Buch sind vom Autor und vom Verlag sorgfältig erwogen und geprüft worden. Sie bieten jedoch keinen Ersatz für kompetenten medizinischen Rat. Alle Angaben in diesem Buch erfolgen daher ohne jegliche Gewährleistung oder Garantie seitens des Verlages oder des Autors. Eine Haftung des Autors bzw. des Verlages für Personen-, Sach- und Vermögensschäden ist ebenfalls ausgeschlossen.

Cover Design by Emily Karen

Amazon Publishing

INHALT

1 LIEBEN IST EIN TUWORT

Liebe ist etwas unbeschreiblich Schönes. Es belebt uns von innen und von außen. Es lässt uns gut fühlen, gibt uns einen Grund morgens aufzustehen und bereichert unsere Träume.

Die meisten können mit Begeisterung ihre Geschichte erzählen, wie sie sich verliebt haben. Leider können die meisten auch eine Geschichte erzählen, in der die Liebe nachgelassen hat.

Egal, ob wir frisch verliebt in einer neuen Beziehung sind, oder bereits einige Herausforderungen gemeinsam gemeistert haben.

Es gibt Tage, an denen wir uns fragen, wie wir das Feuer der Liebe aufrechterhalten können.

In diesem Buch geht es um die einfachen Dinge, die wir tun können, um eine tiefe Verbundenheit mit unserem Partner herzustellen und diese aufrechtzuerhalten. Und das unabhängig davon, in welchem Zustand sich unsere Beziehung aktuell befindet.

Es geht um die kleinen Dinge, die wir jeden Tag tun können, um eine intensive, fröhliche und leidenschaftliche

Beziehung aufzubauen und das Leben zu leben, das wir verdient haben.

Und das unabhängig davon, wie beschäftigt wir aktuell sind.
Das Leben ist, wie es ist. Ein herausfordernder Job, Kinder und die alltäglichen Aufgaben sind ein Teil davon.

Mit der Zeit kann es passieren, dass unsere Beziehung zu etwas Selbstverständlichem wird.
Alles scheint ganz normal zu sein und wir vergessen es, die Verbindung zu unserem Partner aktiv aufrechtzuerhalten.

Ehe wir uns versehen, sind wir Geschäftspartner, die gemeinsam das Leben meistern, die Kinder erziehen, den Haushalt führen und die Rechnungen bezahlen.

Die Tage, an denen wir verliebt und voller Leidenschaft bis in die Nacht erfüllte Gespräche geführt haben, werden immer seltener. Aus zwei Liebenden werden zwei Mitbewohner.

Viele glauben, dass das normal ist, wenn man längere Zeit gemeinsam verbringt, und akzeptieren diesen Zustand als "normal".
Die Beziehung wird dann auf Autopilot gestellt und die Verbundenheit verläuft sich im Alltag.

Und genauso sollte es nicht sein. Es ist nicht normal, dass wir die Dinge als selbstverständlich wahrnehmen und nicht mehr schätzen.

Glückliche Paare lieben sich sehr tiefgründig und verlassen sich nicht darauf, dass diese Gefühle von alleine aufkommen. Sie erschaffen diese Gefühle durch ihre Handlungen immer und immer wieder.
Lieben ist ein Tuwort. Es ist nicht etwas, das man hat. Es ist etwas, das man tut.

Nach einem langen Arbeitstag kann es schwierig sein daran zu denken, etwas Bedeutungsvolles für unseren Partner zu tun. Besonders, wenn wir uns um unsere Kinder kümmern müssen.

Wir fahren sie zum Sport oder Musikunterricht, holen sie ab, machen das Essen, kümmern uns um den Haushalt, beantworten berufliche E-Mails, machen die Wäsche, bereiten das Essen für den nächsten Tag vor und erledigen zahlreiche Dinge auf unserer Aufgabenliste.

All diese Dinge kosten uns Energie und können am Ende des Tages sehr überwältigend sein.
Wir freuen uns nur noch darauf, uns aufs Sofa zu legen und zu entspannen.

Wenn die Beziehung als selbstverständlich wahrgenommen wird, werden wir zunächst alle anderen Dinge auf unserer Aufgabenliste angehen, bevor wir uns um unseren Partner kümmern.

Das ist eines der Gründe, warum auch Paare, die sich sehr intensiv liebten, langsam aber stetig ihre Verbindung zueinander verloren haben.

Sie verlieren sich im Alltag und geben sich zufrieden, wenn all die wichtigen Dinge des Alltags erledigt sind.
Sie vergessen die kleinen angenehmen Dinge im Leben wahrzunehmen, die sie gemeinsam verbinden.

In diesem Buch geht es um die einfachen und unaufwendigen Dinge, die wir tun können, um unsere Beziehung täglich zu festigen und sich daran zu erinnern, dass wir die Dinge gemeinsam meistern wollen.

Vielleicht haben wir das Gefühl, dass wir uns von unserem Partner langsam entfernen, und wünschen uns die Wärme und die Bindung zurück, die wir einst hatten.

2 IN DER EINFACHHEIT LIEGT KRAFT

Es ist erstaunlich, wie viel darüber geschrieben wird, wie wir unsere Probleme lösen können und effizienter kommunizieren können, und wie wenig darüber geschrieben wird, wie wir Liebe in unserer Beziehung entstehen lassen können.

Viele Konfliktlösungsstrategien und Kommunikationstechniken sind absolut sinnvoll, um gewisse Herausforderungen und Situationen zu meistern und den Umgang miteinander zu verschönern.

Wir sollten uns jedoch auch auf die Dinge konzentrieren, die verhindern, dass diese Situationen erst entstehen können.

Wenn wir von einer Krankheit geheilt werden, sind wir nicht automatisch gesund. Es bedeutet nur, dass wir nicht mehr unter dieser speziellen Krankheit leiden.

Genauso verhält es sich mit Konfliktlösungsstrategien. Wir werden vielleicht effizienter Konflikte lösen und zielgerichteter kommunizieren. Wir haben dadurch aber noch keine gesunde Beziehung geschaffen.

Es geht darum, wie wir wieder das Gefühl von Liebe, Verbundenheit und Zärtlichkeit in unserer Beziehung zum Leuchten bringen.

Das ist der Schlüssel einer erfolgreichen Beziehung.

Einige Menschen sind wie Füchse. Sie kennen viele Dinge. Andere Menschen sind wie Igel, sie kennen eine wichtige Sache.

Während der Fuchs ein cleveres Tier ist und auf sehr vielfältige Weise versucht, den Igel anzugreifen, ist der Igel ein langsames Tier, dessen Verteidigung immer dieselbe ist.

Immer, wenn der Fuchs etwas Neues probiert und glaubt, dass er damit erfolgreich sein wird, rollt sich der Igel ein und fährt seine Stacheln aus.

Der Igel ist mit nur einer Sache sehr erfolgreich.

Jede Beziehung hat Probleme und Herausforderungen, denen sie begegnen muss. In allen Fällen ist die beste Lösung immer die Gleiche.

Auch wenn sich das kitschig anhört, sind Liebe und eine tiefe Verbundenheit die tatsächliche Lösung der meisten Probleme.

Welche Probleme hatten wir mit dem anderen, als wir frisch verliebt waren? Wahrscheinlich so gut wie keine.

Wahrscheinlich ist es uns auch nicht schwergefallen, miteinander zu reden, als wir verliebt waren.

Und wahrscheinlich brauchten wir auch keine Kommunikationsstrategien. Wir brauchten noch nicht mal viele Worte.

Liebe ist eines der wichtigsten Dinge, die alles für uns verändert.

Was hat sich verändert, wenn wir damals etwas im Gesicht des Partners süß fanden und uns heute darüber aufregen.

Es ist die Liebe in der Beziehung, die mit der Zeit verblasst ist.

Wir sollten uns nicht auf das Lösen von Problemen konzentrieren. Wenn wir es schaffen, die Liebe in unserer Beziehung wieder herzustellen, wird sich alles verändern.

Es ist die eine Sache, mit der wir erfolgreich sein können.

3 WARUM IST UNSERE BEZIEHUNG SO WICHTIG?

Sehr viele Aspekte und Bereiche in unserem Leben sind von der Qualität unserer Beziehung abhängig.

Eine gesunde Beziehung macht uns zu besseren Eltern und produktiveren und gesünderen Menschen. Eine glückliche Beziehung beeinflusst uns spirituell, emotional und physisch.

Unsere Beziehung beeinflusst direkt oder indirekt unser ganzes Leben.

Wenn wir verliebt sind, ist alles wunderbar. Wenn wir es nicht sind, ist nichts gut genug.

Wir können die schönste Kleidung haben, fit und durchtrainiert sein, alles Geld dieser Welt besitzen und sehr einflussreich sein. Wenn wir keine tiefe Verbundenheit zu unserem Partner aufbauen und ein friedvolles Miteinander haben, wird nichts gut genug sein.

Unsere Beziehung ist nicht nur ein Aspekt, der etwas zum gesamten Glück beiträgt. Wenn wir uns in einer Beziehung befinden, ist es unser Grundgerüst, auf dem alles andere basiert.

Wenn wir uns nicht bewusst auf unsere Beziehung konzentrieren, werden mit der Zeit Probleme aufkommen. Das ist so, als würde man seinen Körper und seine Gesundheit vernachlässigen, bis man schließlich krank wird.

Unsere Ernährung und unsere Bewegung sind für unsere Gesundheit sehr wichtig. Das Gleiche gilt für unsere Beziehung.

Genauso wie wir eine passende Ernährung und ausreichend Bewegung benötigen, brauchen wir positive Interaktionen und Ereignisse in unserer Beziehung.

4 WENN WIR VERLIEBT SIND

Sich zu verlieben, ist eines der euphorischsten Erfahrungen in unserem Leben. Sich zu verlieben, ist wie das Finden des fehlenden Stückes, das wir unser Leben lang gesucht haben. Es vervollständigt uns.

Liebe verändert uns. Es bringt ein Strahlen in unser Gesicht und erleichtert unsere Schritte.

Wenn wir normalerweise geschäftlich viel unterwegs sind, nutzen wir plötzlich alle Möglichkeiten, Zeit mit unserem Liebsten zu verbringen.

Wenn wir normalerweise schüchtern sind, kommen wir aus unserer Schale heraus und öffnen uns.

Wenn wir normalerweise früh schlafen gehen, können wir problemlos die ganze Nacht wach bleiben.

Liebe ist ein Stimulans, das unzählige Dichter, Künstler und Philosophen für Tausende von Jahren beschäftigt.

Können wir uns noch an den Moment erinnern, wo wir uns verliebt haben und alles an unserem Partner einfach perfekt war? Wie man einfach perfekt zueinander gepasst hat?

Vielleicht haben wir sogar gesagt, dass alles perfekt ist und wir uns nicht vorstellen können, dass etwas anders sein könnte.

Liebe ist eine goldene Brille, durch die unser Partner einfach perfekt ist. Liebe macht alles richtig. Liebe macht den Unterschied.

Doch was passiert, wenn wir diese Sicht mit der Zeit verlieren?

Die Person, für die wir sterben würden, scheint plötzlich unser größtes Problem zu sein.

Unser Partner hat uns glücklicher gemacht, als wir es uns jemals vorstellen könnten und nun ist er die Quelle allen Elends.

Auch wenn sich die Sicht nicht so stark verändert hat, haben wir vielleicht einfach die Begeisterung füreinander verloren.

Wenn sich die Sicht verändert, haben wir vielleicht die goldene Brille der Liebe abgelegt.

5 DAS PUZZLESTÜCK

"Liebst du mich, weil ich schön bin, oder bin ich schön, weil du mich liebst?" – Sabine Meyer

Unser Partner ist wie ein Puzzlestück mit einzigartiger Struktur.

Es gibt Stellen, die kompatibel und nicht kompatibel zueinander sind.

Einige Vorsprünge passen perfekt in die Einbuchtungen des Partners, andere wiederum nicht.

Die Größe und Form der Puzzlestücke und unserer Persönlichkeit ändert sich über die Jahre nur kaum.

Wenn sich die Puzzleteile über die Jahre nicht wesentlich verändern, wie kommt es dazu, dass wir Veränderungen an der Kompatibilität zueinander erleben?

Das Einzige, was sich ändert, ist die Liebe zueinander. Wenn sich die Liebe verändert, verändert sich die Wahrnehmung von allem anderen.

Die Liebe ist das dritte Puzzlestück zwischen uns und unserem Partner.

Anders als die anderen Puzzlestücke verändert sich dieses Puzzlestück mit der Zeit. Wir schaffen und verändern dieses Puzzlestück gemeinsam mit unserem Partner.

Abhängig davon, wie wir es formen, kann es die beiden anderen Puzzlestücke perfekt miteinander verbinden.

Durch die Liebe können die beiden Puzzleteile perfekt zueinander passen.

Wir können niemanden verändern. Zu glauben, dass wir jemanden verändern können, ist eines der größten Irrtümer, die es gibt.

Wenn sich unsere Beziehung verändert, denken wir häufig, dass sich der andere verändert hat und es seine Schuld ist.

Tatsächlich ist es die verlorene Verbindung der Puzzleteile, die eine Veränderung bringt.

Verändern wir unsere Beziehung, verändern wir auch die Art, wie wir unseren Partner wahrnehmen.

6 WAS VERÄNDERT SICH?

Welcher Teil von uns ist veränderbar?

Wie haben wir uns während der letzten Jahre verändert? Viele dieser Veränderungen wären in einem Fotoalbum wahrscheinlich sofort sichtbar.

Wie waren wir früher? Wie war unsere Gesundheit, unsere Körperform, unsere Familie, unsere Arbeit, unsere finanzielle Situation, unsere Bildung, unsere Umgebung und unsere Sicht aufs Leben?

Obwohl wir uns so stark verändert haben, sind wir immer noch wir selbst. Wir haben uns verändert und sind immer noch wir selbst.

Während ein Teil sich verändert, bleibt ein Teil von uns immer konstant.

Dieses Phänomen ist auch in der Biologie zu entdecken. Jeden Tag sterben einzelne Zellen unseres Körpers ab und werden ersetzt.

Irgendwann sind alle Zellen erneuert, bis wir physisch nicht mehr dieselbe Person sind. Und doch sind wir immer noch wir.

Unser Charakter ist ständig in Veränderung, während wir wir selbst bleiben.

Ein CD-Spieler ist ein gutes Beispiel, um dies zu verbildlichen.

Der CD-Spieler bleibt immer derselbe. Das, was die Musik verändert, ist die CD, die hineingelegt wird.

Unser Charakter verändert sich wie die CD im CD-Spieler, während der CD-Spieler derselbe bleibt.

Das, was uns befähigt die Veränderungen wahrzunehmen und zu reflektieren, ist unsere Seele.

Die Seele ist der fixe Kern, das unveränderliche Ich, das alles beobachten und reflektieren kann. Es ist der CD-Spieler.

Unser Charakter ist eine Rolle mit veränderlichen Eigenschaften. Es ist die CD im CD-Spieler.

7 WAS VERBINDET UNS?

Wenn wir versuchen unsere Charaktere miteinander zu verbinden, suchen wir an der falschen Stelle nach Liebe.

Selbst mit den besten Absichten und viel Einsatz wird es schwierig, Liebe zu entwickeln.

Liebe entsteht, wenn unsere unveränderlichen Kernwerte und unser unveränderliches Ich miteinander verbunden werden.

Unser Körper verändert sich. Unser beruflicher Werdegang verändert sich. Die Interessen und Hobbys verändern sich im Laufe des Lebens.

Wenn wir an den veränderlichen Komponenten verbunden sind, wird uns jede Veränderung des Partners stören und unsere Beziehung beeinflussen.

Wenn wir mit unserem Partner wegen dem extravaganten Lebensstil, dem Aussehen oder der Fürsorglichkeit glücklich sind, ist die Beziehung auf wackligem Untergrund gebaut.

Der Erfolg, das Aussehen und die Fähigkeit für seine Familie zu sorgen, können sich im Laufe der Jahre durch verschiedene Einflüsse verändern.

Wenn wir an den unveränderlichen Komponenten verbunden sind, sind Veränderungen für uns etwas Natürliches und machen nicht viel aus.

Sich an veränderlichen Dingen, wie dem Erfolg und dem Aussehen und anderen Charaktereigenschaften zu erfreuen, ist etwas Gutes und sollte genossen werden. Es sollte nur nicht die Basis sein, von der alles abhängig ist.

Wir sitzen sonst auf einer Zeitbombe, weil Veränderungen zum Leben einfach dazu gehören.

Sind wir nicht in unserem Kern verbunden, stellt jede Veränderung eine Herausforderung für die Beziehung dar, die gelöst werden muss. So entstehen viele kleine Konflikte mit vielen mühsamen Diskussionen und Kompromisslösungen.

Und das immer und immer wieder.

Bei echter Liebe geht es nicht um die Kompatibilität. Es geht darum eine Kernverbindung herzustellen.

Wenn wir im Kern verbunden sind, kann sich unser Job, Haarschnitt, Hobbys, Interessen, Freunde, Geschmack und unsere Kleidung ändern, ohne, dass unsere Liebe und Beziehung in Gefahr sind.

8 DIE WICHTIGSTE ENTSCHEIDUNG

Wir müssen nicht unser ganzes Leben verändern und alles was wir haben aufgeben, um unsere Beziehung an erster Stelle zu setzen.

Das Wichtige ist nicht, dass wir äußere Faktoren verändern, sondern unseren Fokus und unsere Priorität richtig setzen.

Wenn wir eine glückliche Beziehung haben wollen, müssen wir die Prioritäten in unserem Leben richtig setzen.

Das Entscheidende ist nicht, wie sehr wir uns und unsere Umwelt verändern können, sondern wie sehr wir es wollen.

Die Frage ist, ob wir bereit dazu sind, unsere Prioritäten neu zu setzen. Etwas einfach nur zu verändern, wird auf Dauer nicht viel bringen. Wichtig ist unsere Grundhaltung, die sich in unseren Prioritäten widerspiegelt.

Wir brauchen uns nicht den Kopf darüber zu zerbrechen, was wir in unserer Beziehung alles ändern müssen.

Wir brauchen auch nicht darauf zu warten, dass unser Partner sich verändert und unsere Beziehung dadurch besser wird.

Der Druck zur Veränderung auf unserem Partner wird nur das Gegenteil bewirken.

Das Wichtigste ist, dass wir die Entscheidung treffen, dass unser Partner die höchste Priorität in unserem Leben hat.

Nach dieser Entscheidung werden sich alle Aktivitäten automatisch verändern und die Priorität widerspiegeln.

9 PRIORITÄTEN

Wenn wir auf der Arbeit sind und von unserem Partner angerufen werden, ist es sehr wahrscheinlich, dass wir unser geschäftliches Gespräch beenden, bevor wir zurückrufen.

Wie ist unser Verhalten, wenn wir abends mit unserem Partner zusammen sind und das Telefon klingelt. Gehen wir ans Telefon oder rufen wir zurück, weil unser Partner gerade die höchste Priorität für uns hat?

Was machen wir an Wochenenden? Verbringen wir am Wochenende mehr Zeit mit Verwandten und Bekannten als mit unserem Partner? Reden wir stundenlang mit unseren Freunden und haben unserem Partner nichts zu sagen?

Wie reagieren wir, wenn wir etwas schauen oder ein Magazin lesen und unser Partner mit uns reden möchte? Lassen wir unseren Partner warten oder schenken wir ihm unsere volle Aufmerksamkeit?

Gibt es für uns unter der Woche verbindliche und geplante Aktivitäten, wie ein Tennisspiel, Musikunterricht, Bowlingabend oder eine TV-Show?

Haben wir mit unserem Partner auch verbindliche Verabredungen in unseren Wochenablauf geplant?

Gibt es Zeiten, in denen die gemeinsame Beziehung im Vordergrund steht und während dieser Zeit die höchste Priorität hat?

Wie wichtig ist es, dass wir zu der Zeit nach Hause kommen, die wir unserem Partner versprochen haben?

Oder ist es wichtiger noch einen Anruf zu tätigen, noch eine E-Mail zu beantworten oder noch eine Runde zu spielen?

Das, womit wir unsere Zeit und Energie verbringen, reflektiert auch unsere Prioritäten wider.

Wenn wir gesünder und fitter sein wollen, müssen wir regelmäßiges Training und die Gesundheit entsprechend priorisieren.

Genauso ist es in unserer Beziehung. Wenn wir eine erfolgreiche Beziehung führen wollen, gibt es keine Abkürzung.

Glückliche Paare achten jeden Tag auf die kleinen Dinge, die sie verbinden.

10 DIE SPITZE VOM EISBERG

"Wir ändern niemals etwas in unserem Leben, bis wir damit beginnen, es täglich zu tun. Der Schlüssel zum Erfolg liegt in unseren täglichen Gewohnheiten." – John Wilfort

Die meisten würden dem zustimmen, dass jeder, der Gewicht verlieren möchte, bei unregelmäßigem Training nicht erwarten kann, seine Ziele zu erreichen. Es reicht nicht aus, nur zwei Tage im Jahr auf seine Ernährung zu achten oder nur einmal im Monat spazieren zu gehen.

Wenn es jedoch um unsere Beziehung geht, erwarten viele genau dieses Wunder. Sie glauben, dass eine große und extravagante Überraschung zählt und die gewünschten Erfolge erzielt.

Auch, wenn hin und wieder ein schönes Geschenk oder ein schickes Abendessen sehr schön sind, ist es eine gefährliche Illusion zu glauben, dass das alles ist, was wir in unserer Beziehung brauchen. Dies allein reicht nicht aus. Es ist nur die Spitze des Eisbergs.

Glückliche Paare, die zusammen glücklich bleiben, teilen fünf Mal mehr positive als negative gemeinsame Handlungen.

Es zählen die Dinge, die wir täglich gemeinsam erleben. Dies ist mit einem emotionalen Konto zu vergleichen, in das wir täglich einzahlen.

Die kleinen positiven Interaktionen, die wir täglich erleben, sind Einzahlungen auf dieses Konto. Auszahlungen sind dann die negativen Erlebnisse, wie Meinungsverschiedenheiten oder Ereignisse, die eine Entschuldigung erfordern.

Beide Arten von Interaktionen sind in einer gesunden Beziehung normal und passieren täglich.

Wir sollten nur darauf achten, dass die positiven Interaktionen die Negativen um ein Vielfaches übertreffen.

Das ist der Grund, warum große und seltene Gesten und Ereignisse nicht ausreichen. Egal, wie angenehm und schön sie sind. Sie sind einfach nicht häufig genug.

Es gibt nur einen Geburtstag oder einen Hochzeitstag im Jahr. Und solange wir nicht Sir Richard Branson sind, können wir unsere Liebsten nicht wöchentlich auf eine tropische Insel fliegen und es uns dort gut gehen lassen.

Das ist aber auch OK. Das ist der Grund, warum diese Dinge nur die Verzierung auf der eigentlichen Torte sind.

Wir sind auf der Suche nach etwas Nachhaltigem, um regelmäßig positive Erlebnisse in unserer Beziehung schaffen zu können. Tag für Tag. Woche für Woche und Jahr für Jahr.

Unser Gehirn liebt Wiederholungen. Durch Wiederholungen lernen wir und merken uns Dinge.

Wir brauchen Gewohnheiten, welche regelmäßig liebevolle Gedanken, innige Zuneigung und Gefühle der Verbundenheit erschaffen.

11 DIE KLEINEN LIEBESGEWOHNHEITEN

“Achte auf deine Gedanken, denn sie werden zu Worte. Achte auf deine Worte, denn sie werden zu Handlungen. Achte auf deine Handlungen, denn sie werden zu Gewohnheiten. Achte auf deine Gewohnheiten, denn sie werden zu deinem Charakter. Achte auf deinen Charakter, denn er wird zu deinem Schicksal.” – Samuel Smiles

Es gibt einige Gewohnheiten, die erfolgreichen Paaren helfen, eine liebevolle Verbindung aufzubauen und aufrechtzuerhalten. Es sind kleine und effiziente Liebesgewohnheiten, die wir in unseren Alltag integrieren können.

Sie heißen “kleine” Liebesgewohnheiten, weil sie nur sehr wenig unserer Zeit erfordern und eine große Wirkung haben.

Sie können leicht umgesetzt und in verschiedene Alltagssituationen integriert werden. Sie verschönern unser Miteinander und schaffen eine tiefe Verbundenheit.

12 DIE KLEINEN AUFMERKSAMKEITEN

Eine dieser Liebesgewohnheiten ist das Teilen kleiner Aufmerksamkeiten. Oft sind es die kleinen Dinge, die einen großen Unterschied ausmachen.

Es geht darum, täglich kleine schöne Dinge für unseren Partner zu tun. Sie sind im Alltag problemlos umsetzbar. Die meisten davon kosten nichts. Sie sind sehr schnell umgesetzt und benötigen manchmal nur einige Sekunden.

Es ist beeindruckend, was kleine Gesten alles bewirken können. Es sind die kleinen Anzeichen der Wertschätzung, die unsere Verbindung stärken und uns ein Gefühl geben, geschätzt und geliebt zu werden.

Partner, die sich auseinanderleben, häufig streiten und im Konflikt miteinander sind, haben oft damit aufgehört, Wertschätzung zu einem festen Teil ihres Alltags zu machen.

Glückliche Paare setzen ihre Beziehung nicht auf Autopilot, sondern tragen bewusst etwas dazu bei.

Glückliche Paare stellen sich die wichtige Frage: "Was kann ich heute tun, um das Leben meines Partners angenehmer zu gestalten?".

Dies ist eines der wichtigsten Fragen, die wir uns täglich stellen sollten.

Es geht darum, was wir jeden Tag zur Beziehung beitragen. Schöne Dinge, die wir sagen, sanfte Berührungen, ein freundliches Lächeln oder ein aufrichtiges Dankeschön sind nur einige Beispiele, die unseren Tag und unsere Beziehung verschönern.

Etwas Einfaches wie "Du machst den besten Kaffee." oder "Danke, dass du den Hund jede Nacht rausbringst." oder einfach Händchen zu halten können oft mehr ausmachen als wir denken.

Häufig sind es Dinge, an die wir denken, aber nie wirklich laut sagen oder tun.

Wir sollten etwas Gutes und Schönes für unseren Partner tun, weil wir dankbar sind, dass wir sie haben und weil wir wissen, dass sie sich darüber freuen werden.

Diese kleinen Dinge werden nicht unbemerkt bleiben.

Es gibt nichts Schöneres als zu merken, dass jemand an uns denkt und uns wertschätzt.

Im Folgenden sind einige kleine Dinge aufgeführt, die wir tun können. Sie sind in keiner bewussten Reihenfolge aufgeführt und sollen nur zur Inspiration dienen.

Vielleicht setzen wir schon einige von ihnen um. Vielleicht sind es auch Dinge, die wir uns schon häufig vorgenommen, aber noch nie wirklich umgesetzt haben.

Sie sollen konkrete Möglichkeiten aufzeigen, weil es häufig die einfachen Ideen sind, die am schwersten zu finden sind.

Während wir die Dinge umsetzen, werden uns sicher weitere Möglichkeiten einfallen, die wir tun können. Es ist hilfreich, diese Punkte in einer Liste aufzunehmen, um sie nicht zu vergessen.

Danke sagen

„Danke" zu sagen, ist die einfachste Form Dankbarkeit zu zeigen. Nichts ist selbstverständlich. Oft merken wir dies erst, wenn uns etwas fehlt. Wann haben wir uns das letzte Mal für das leckere Essen bedankt oder dafür, dass die Wäsche gemacht wurde?

Jeder freut sich über ein ernst gemeintes „Danke". Sich zu bedanken, zeigt unserem Partner, dass wir das, was für uns getan wird, nicht als selbstverständlich sehen.

Begrüßung mit einer Umarmung und Abschied mit einem Kuss

Eine Umgebung mit liebevollen Menschen, die einen umarmen, küssen und anlächeln, hat einen positiven Effekt auf die Gesundheit von Babys. Wir als Erwachsene sind in dieser Hinsicht nicht anders.

Unsere Haut hat etwa 5 Millionen Berührungsrezeptoren. Davon sind 3000 allein in unseren Fingerspitzen. Eine Umarmung führt zu einer starken Reaktion in unserem Gehirn.

Sie löst Anspannungen und lässt uns gut fühlen. Es ist wichtig, dass wir die Nähe spüren, die wir alle brauchen.

Durch die Nähe entsteht in uns eine positive Assoziation zu unserem Partner. Wir fühlen uns automatisch besser, wenn wir ihn sehen.

"Wie kann ich dich unterstützen?"

Beim gemeinsamen Frühstück können wir einfach mal fragen: „Bei welchen zwei Dingen kann ich dich heute am meisten unterstützen?". Dies zeigt, dass wir die Aufgaben des anderen schätzen.

Diese einfache Frage schenkt mehr Aufmerksamkeit und Fürsorge als jedes Geschenk.

Den Partner wissen lassen, wie stolz wir auf ihn sind

Interessen für die persönlichen und beruflichen Erfolge sind sehr aufmerksam und aufbauend. Es ist wichtig, auch kleine Erfolge zu anerkennen und diese gemeinsam zu feiern.

Indem wir die Erfolge ansprechen, erkennt auch unser Partner, dass wir diese wertschätzen.

Unser Interesse zeigen wir auch dadurch, indem wir das, was unser Partner sagt, wertschätzen und respektieren.

Bewunderung für den Partner zum Ausdruck bringen

Wir sollten nicht davon ausgehen, dass unser Partner weiß, wie wir über ihn denken. Wir können einfach mal offen ansprechen, wie fabelhaft unser Partner aussieht.

Wenn sich unser Partner schick macht, um mit uns auszugehen, sollten wir auf das Outfit und die Frisur achten und sie ansprechen.

Den Partner in der Öffentlichkeit loben

Wir sollten uns nicht davor zurückhalten, unseren Partner in der Öffentlichkeit bewusst zu loben. Wenn wir uns in einer Gruppe aufhalten und es in den Gesprächsverlauf passt, können wir einfach mal Dinge ansprechen, wie "Kate macht die beste Pizza." oder "Mike mäht den Rasen wie einen persischen Teppich.".

Gemeinsames Frühstück im Bett

Hin und wieder kann es sehr angenehm sein, mit einem Frühstück am Bett überrascht zu werden. Wir können einfach mal früher aufstehen und unseren Liebsten mit einem frischen und leckeren Frühstück überraschen.

Am besten geht dies wahrscheinlich an einem Wochenende. Es ist schön, die Freude und Überraschung im Gesicht des Partners zu sehen.

Eine heiße Überraschung am Morgen

Wenn wir früher zur Arbeit müssen, können wir einen leckeren Tee vorbereiten und in der Küche für unseren Partner bereitstellen.

Unerwartete Küsse

Wie oft küssen wir unseren Partner? Ist das Küssen nur noch Teil des Vorspiels geworden? Ein Kuss schafft eine tiefe Verbundenheit und tut wirklich gut.
Wir können unseren Partner in unerwarteten Momenten küssen. Ein Kuss kann sehr liebevoll, gefühlvoll, erregend, süß und überraschend sein.

Solange wir uns danach fühlen, unseren Partner küssen zu wollen, wird die Beziehung zueinander immer stärker werden.

Dein Wohlergehen ist mir wichtig

Ein frisch gepresster Orangensaft am Morgen auf dem Küchentisch zeigt, dass uns die Gesundheit unseres Partners wichtig ist und wir wollen, dass dessen Tag nährstoffreich beginnt.

Wir können auch auf die Kinder aufpassen, damit unser Partner Zeit hat, um sein Training durchzuführen.

Unerwartete Umarmungen

Genauso wie das Küssen schaffen unerwartete Umarmungen Verbundenheit und Nähe.

Umarmungen lösen Glückshormone aus und lassen uns gut fühlen.

Den Partner ausschlafen lassen

Am Wochenende früher aufstehen, die Kinder zum Spaziergang mitnehmen und den Partner erholen und länger ausschlafen lassen.

Eine kurze Nachricht am Spiegel kann den Morgen zusätzlich verschönern: "Schön geschlafen? Ich liebe dich.".

Eine liebevolle E-Mail oder Textnachricht

Wenn wir wissen, dass unserem Partner ein besonderes Ereignis oder ein herausfordernder Tag bevorsteht, können wir ihn mit einer liebevollen Nachricht überraschen und unterstützen.

Es dauert vielleicht nur wenige Sekunden diese Nachricht zu verfassen, könnte für unseren Partner jedoch unbeschreiblich viel bedeuten.

Gemeinsame Hausarbeit

Gemeinsam geht vieles schneller. Das gemeinsame Aufräumen der Küche oder Zusammenlegen der Kleidung kann eine schöne Zeit sein, um sich über den Tag zu unterhalten und gemeinsam etwas im Haushalt zu erledigen.

Interesse zeigen

Auch, wenn uns das, was sich in einem Auto oder in einem Stück Technik befindet, nicht interessiert, könnte es unserem Partner jedoch viel bedeuten.

Wenn wir nur wenige Minuten Interesse zeigen, zuhören und versuchen, die Interessen unseres Partners zu verstehen, kann es unserem Partner viel bedeuten.

Male lustige Gesichter auf die Eier im Kühlschrank

Der Kühlschrank und die Besteckschublade sind die letzten Orte, wo man eine freundliche Überraschung erwarten würde.

Wir können die rohen Eier bemalen oder eine freundliche Nachricht in der Schublade hinterlassen.

Zubereiten der Lieblingsmahlzeit

Warum bis zum Geburtstag oder einem anderen besonderen Tag warten. Wenn es unerwartet passiert, wird es eine positive Überraschung, mit der nicht gerechnet wurde.

Kleine heimliche Freundlichkeiten

Wenn unser Partner duscht, können wir heimlich die Schlafsachen auf die Heizung hängen oder auf dem Bett bereitlegen.

Versteckte Nachrichten

Wir können eine liebevolle Nachricht in der Hosentasche des Partners so verstecken, dass sie während des Tages gefunden werden kann.

Spülmaschine vor der Arbeit entleeren

Je nachdem, wer dies häufiger tut, können wir unseren Partner damit überraschen. Es dauert nur wenige Minuten und bringt ein Lächeln ins Gesicht. Es zeigt, dass wir wertschätzen, was unser Partner für uns tut.

Eine romantische Nachricht

Je nach Lippenstift können wir eine romantische Nachricht auf dem Badezimmerspiegel hinterlassen. Jeder liebt diese Art von Nachrichten.

Unwiderstehliche Unterbrechungen

Während unser Partner etwas in der Küche zubereitet, können wir uns dahinter stellen und unsere Arme liebevoll um die Hüften legen.

Eine andere Möglichkeit ist beim Beantworten der E-Mails. Während unser Partner noch E-Mails beantwortet, können wir unser Gesicht in die Seite des Halses legen und sagen, wie sehr wir ihn lieben.

Kuscheln auf dem Sofa

Auf dem Sofa können wir uns unter einer Decke eng aneinander kuscheln. Nachdem die Kinder im Bett sind, können wir etwas zum Knabbern vorbereiten und gemeinsam kuschelnd unter der Decke etwas anschauen.

Händchen halten beim Spazieren gehen

Besonders, wenn wir mit unseren Kindern unterwegs sind. Wir zeigen damit nicht nur unsere Zuneigung zueinander, unsere Kinder werden unterbewusst das Verhaltensmuster aufnehmen und später nachahmen.

Beim Zähneputzen von hinten umarmen

Bei der nächsten Gelegenheit im Badezimmer den Partner von hinten überraschen, umarmen und einfach genießen.

Eine Tätigkeit übernehmen

Einfach eine Tätigkeit, die unser Partner normalerweise übernimmt, auswählen und es selbst ausführen, ohne einen Dank zu erwarten.

Während der Werbeunterbrechung den Partner auf die Wange küssen

Wir können die Zeit der Werbeunterbrechung nutzen, um mit unserem Partner Zärtlichkeiten auszutauschen. Einfach vorbeugen und einen Kuss geben. Dafür sind keine weiteren Worte notwendig.

Überraschung auf Reisen

Wenn unser Partner auf Reisen geht, können wir eine Nachricht und eine kleine Überraschung im Koffer oder der Laptoptasche verstecken. So, dass sie nachher im Hotel oder Flugzeug gefunden werden kann.

Nackenmassage

Eine kurze Nackenmassage kann sehr entspannend sein und schafft Nähe. Während unser Partner zum Beispiel am

Schreibtisch sitzt, können wir uns einfach dahinter stellen und eine kurze Nackenmassage machen. Wir müssen keine professionellen Masseure dafür sein. Einfach leicht und zärtlich kneten.

Frage "Wie war dein Tag?" und höre zu

Was wurde uns letztes Mal erzählt? Indem wir den Inhalt vorheriger Gespräche aufgreifen, zeigen wir, dass wir uns für das, was im Leben unseres Partners passiert, interessieren.

Eine Nachricht an den Scheibenwischern platzieren

Eine kurze Nachricht mit "Ich freue mich dich wieder zu sehen." ist eine schöne Überraschung. Wenn es verschneit ist, können wir auch eine Nachricht im Schnee hinterlassen "Lisa liebt Tom".

Eine kleine Fußmassage beim TV schauen

Eine Fußmassage ist sehr entspannend und beruhigend. Besonders nach einem langen Tag auf den Beinen ist dies eine sehr angenehme Überraschung.

Am besten nichts sagen, einfach die Füße nehmen und zärtlich streicheln oder massieren.

Nur für Männer: Gentleman sein und die Autotür öffnen

Es scheint heutzutage vielleicht etwas altmodisch. Es dauert jedoch nur wenige Sekunden und zeigt, dass wir uns um den anderen kümmern.

Etwas bestellen, nachdem der andere geschaut hat

Was sind die kleinen Wünsche unseres Partners? Was schaut er sich im Schaufenster oder online an? Was würde ihm eine Freude machen?

Wir können auch darauf hören, was unser Partner in einer Filmszene oder Gesprächen kommentiert. Wenn wir ihn mit dieser Sache überraschen, zeigt es, dass wir zuhören und darauf achten, was er sagt.

Etwas übernehmen, was der andere sehr ungerne macht

Jeder hat gewisse Stärken und Schwächen. Jeder hat irgendwelche Dinge, die er lieber macht als andere.

Wir können unserem Partner eine Freude machen, wenn wir etwas übernehmen, was er nur ungerne tut. Dazu gehört zum Beispiel Fensterputzen oder Dokumente sortieren.

Einfach eine Kleinigkeit kaufen

Kleine Gesten können ein großes Strahlen ins Gesicht bringen. Vielleicht gibt es ein gern gelesenes Magazin oder eine Lieblingsschokolade, die wir auf dem Heimweg besorgen können.

Wir können auch die Kinder früh ins Bett bringen und dann etwas Wein und Käse vorbereiten und einfach reden.

13 IN VERBINDUNG BLEIBEN

"Das größte Geschenk, das wir einander geben können, ist unsere Aufmerksamkeit." – Richard Moss

Können wir uns an Tage erinnern, an denen wir stundenlang mit unserem Partner reden konnten? Tage, an denen sich unser Partner gefühlt hat, als wäre er die wichtigste Person auf dieser Erde? Eine Zeit, in der alles so einfach schien?

Die Verbindung untereinander war einfach da. Die langen Gespräche, die zärtlichen Berührungen und das gemeinsame Lachen sind einfach aus der Situation entstanden.

Mit der Zeit ist der Alltag hektischer geworden und mit Kindern sind vielleicht mehr Aufgaben und Verpflichtungen entstanden.

Wie wäre es, wenn wir einen alten Bekannten plötzlich beim Einkaufen treffen. Eine Person aus der Schulzeit, die wir schon lange nicht mehr gesehen und gesprochen haben?

Auch wenn sich beide darüber freuen, ist die Situation etwas unangenehm. Neben den klassischen Fragen, wie "Hast du schon Kinder?" oder "Wo arbeitest du aktuell?" gibt es nicht viel zu besprechen.

Es gibt in dem Moment einfach keine Gesprächsthemen, weil sich in den letzten Jahren bei beiden viel verändert hat. Wir haben einfach zu wenig vom anderen mitbekommen, um darüber sprechen zu können.

Die freundschaftliche Verbundenheit, die einst vorhanden war, gibt es so nicht mehr, weil es keine Verbindungspunkte mehr gibt.

Diese Verbindungspunkte sind die täglichen Dinge, die das Leben interessant machen.

Das Gleiche gilt auch für die Beziehung zu unserem Partner.

Der regelmäßige Austausch ist wichtig, um den Anschluss am Leben des anderen nicht zu verlieren. Es ist wichtig zu wissen, was im Leben unseres Partners passiert.

Andernfalls entwickelt sich unser Partner zu einem Unbekannten.

Was sind die wichtigsten Themen oder die größten Herausforderungen unseres Partners? Was beschäftigt und bewegt unseren Partner gerade?

Schatz, wie war dein Tag heute?

Die einfachste Frage, um mehr über unseren Partner zu erfahren, ist: "Schatz, wie war dein Tag heute?"

Diese Frage ist so einfach, dass sie häufig gar nicht erst gestellt wird. Und wenn sie mal gestellt wird, dann oft nicht bewusst oder zu unregelmäßig.

Glückliche Paare nehmen sich jeden Tag für 10-15 Minuten Zeit für ein gemeinsames Gespräch.

Diese Zeit ist nur für sie zu zweit.

Sie tauschen sich über den Tag aus und erfahren dadurch von den Herausforderungen, täglichen Erfolgen und Erfahrungen des anderen.

Es gibt verschiedene Möglichkeiten ein "Schatz, wie war dein Tag"-Gespräch zu führen und die Verbundenheit zu unserem Partner wiederherzustellen.

Eine gute Möglichkeit ist sich mit einem warmen Getränk gegenüber an den Tisch zu setzen und zu reden. Dies hilft, sich besser auf den anderen zu konzentrieren.

Eine andere Möglichkeit ist ein gemeinsamer Spaziergang.
Wenn die Kinder kleiner sind, können sie mitkommen und zum Beispiel mit einem kleinen Fahrrad vorfahren.

Auch beim Zusammenlegen der Wäsche oder beim Vorbereiten des Abendessens bietet sich das Gespräch an. Während der eine kocht, kann der andere schon das Gemüse schneiden und die Zutaten vorbereiten.

An Sommertagen ist es draußen auf der Terrasse mit einem Glas Wein oder Tee sehr gemütlich.
Kleine Kinder können erst zu Bett gebracht werden, um die romantische Zweisamkeit zu genießen.

Auch die Zeit abends auf dem Sofa bietet sich an. Wir können uns dabei gegenüber hinsetzen, unter einer Decke einkuscheln und die Füße des jeweils anderen massieren. Etwas angenehme Musik kann die Atmosphäre verschönern.

Es gibt einige Möglichkeiten, solche Gespräche noch angenehmer zu gestalten:

- Den Fernseher ausgeschaltet lassen und das Smartphone auf lautlos stellen.

- Zuhören, wenn der Partner spricht. Wir können einzelne Punkte mit eigenen Worten wiedergeben und Themen aus vorherigen Gesprächen aufgreifen. Es ist schön zu sehen, dass man gehört und verstanden wird.

- Interesse an dem zeigen, was im Leben unseres Partners geschieht. Einfache Sätze, wie "Wie hast du dich gefühlt?" oder "Erzähl mir mehr davon." können dabei sehr hilfreich sein.

- Bewunderung zum Ausdruck bringen. Vor allem, wenn uns etwas, was unser Partner gesagt oder getan hat, beeindruckt.

- Mitgefühl zeigen. Mitgefühl zeigen ist besser, als sofort eine "Lösung" zu präsentieren. Unaufgeforderte Ratschläge sollten wir meiden. Einige neigen dazu, sofort eine Lösung anzubieten, sobald sie ein "Problem" hören. Unser Partner möchte in erster Linie, dass man ihm zuhört. Außerdem kennen wir selten alle Details, um eine hilfreiche Lösung vorstellen zu können. Am besten genau zuhören und Lösung anbieten, wenn wir danach gefragt werden.

- Zeigen, dass man im selben Team ist. Erzählt unser Partner von einem Ereignis, bei dem wir glauben, dass er falsch gehandelt hat, sollten wir zunächst Verständnis für die Situation zeigen. Wir können zu einem späteren Zeitpunkt immer noch darauf aufmerksam machen, dass das Verhalten vielleicht nicht in Ordnung war.

Lass uns über uns reden

Diese Art von Gespräch kann auf den ersten Blick einschüchternd wirken. Es geht in diesen Gesprächen jedoch nicht darum, kritisiert zu werden.

Wenn es richtig gemacht wird, kann diese Art von Gespräch sehr hilfreich und verbindend sein.

Im Gespräch geht es um beide Partner und die Beziehung. Es kann als Chance gesehen werden, die Beziehung gemeinsam zu reflektieren und zu erkennen, wo man sich befindet.

Es gibt verschiedene Themen, die dabei besprochen werden können:

- Reflektieren, was in der Beziehung in den letzten Tagen aufgefallen ist. Vielleicht gibt es Dinge, die gut geklappt haben und auf die wir stolz sind. Vielleicht gab es eine Herausforderung oder Diskussion, die man erfolgreich und vorbildlich gemeistert hat. Dadurch lassen sich die Erfolge feiern und festigen.

- Reflektieren von dem, was in den letzten Tagen lustig oder romantisch war. Einfache Sätze dafür sind: "War es nicht wunderschön, als wir…" oder "Kannst du dich erinnern, als wir...". Das ist eine einfache Möglichkeit, um seine Verbindung zueinander zu stärken.

- Gibt es Dinge über die wir mit unserem Partner sprechen wollten, es jedoch keine Gelegenheit dazu gab? Vielleicht wollen wir Gedanken und Ideen für unsere Zukunft oder gewisse Ängste und Befürchtungen teilen.

Wir können die Zeit auch nutzen, um über andere Dinge zu sprechen:

- Über Dinge, bei denen wir unsicher sind. Zum Beispiel wie unser Partner auf etwas Bestimmtes in den letzten Tagen reagiert hat und warum er so reagiert hat.

- Dinge ansprechen, die uns schon eine Zeit lang beschäftigen, wir aber nicht den richtigen Zeitpunkt hatten, um es anzusprechen.

- Dinge, die in den letzten Tagen intensiv waren und eine gewisse Spannung verursacht haben. Wir können diese Dinge ruhig und konstruktiv ansprechen und klären.

Diese Zeit und Gespräche sind nicht dafür gedacht, um sich über alles Mögliche zu beschweren. Es geht darum, unsere Erlebnisse zu teilen und uns besser zu verstehen.

Es ist eine Möglichkeit, um über Dinge zu sprechen, die in der Beziehung sehr gut laufen und die wir sehr schön finden. Genauso aber auch über Dinge, bei denen wir uns vorstellen und wünschen, dass sie besser laufen.

Die richtige Atmosphäre ist dabei sehr hilfreich. Es ist wichtig, dass beide entspannt sind und sich dabei wohlfühlen, damit eine Verbundenheit entstehen kann und der Zusammenhalt gestärkt wird.

Das "Lass uns über uns sprechen"-Gespräch sollte etwa alle zwei Wochen stattfinden. Es ist für die langfristige Gesundheit der Beziehung sehr wichtig. Es verhindert, dass kleine Angelegenheiten (Äffchen) entstehen, die zu großen Problemen (Gorillas) werden können.

Diese Gespräche können im Vorfeld geplant und im Kalender festgelegt oder bei nächster Gelegenheit einfach gestartet werden.

Wichtig ist, dass wir die "Lass uns über uns sprechen"-Gespräche nicht mit den "Schatz, wie war dein Tag"-Gesprächen mischen oder kombinieren.

Wie gut kennen wir unseren Partner?

Wir sollten über unseren Partner mehr wissen als über unsere besten Freunde. Also mehr über jemanden, über den wir so gut wie alles wissen.

Wir sollten jedes Geheimnis teilen können, weil wir einander trauen und uns gegenseitig verstehen.

Wenn Menschen sagen, dass sie sich auseinander gelebt haben, bedeutet es, dass sie aufgehört haben, ihre Träume, Sorgen und Ängste miteinander zu teilen.

Glückliche Paare wissen, wie es ihrem Partner wirklich geht, was ihn beschäftigt und was seine Träume sind. Sie lernen jeden Tag etwas Neues über ihren Partner. Sie haben keine Angst, dass das, was sie sagen den anderen verärgert oder falsch verstanden werden könnte.

Wir sollten verstehen und jederzeit wissen, was in unserem Partner vorgeht. Nur dann können wir auch verstehen, warum die Person gerade so reagiert, wie sie reagiert.

Es gibt immer etwas Neues zu entdecken

Auch wenn wir glauben, dass es nichts Neues mehr über unseren Partner zu erfahren gibt und wir schon alles über ihn wissen, gibt es immer etwas Neues zu entdecken.

Es ist sehr erstaunlich, wie wir unseren Partner näher kennenlernen, wenn wir beginnen, die richtigen Fragen zu stellen.

Einige Fragen, die wir vielleicht noch nie gestellt haben:

- Stell dir vor, du hast 100 Millionen Euro gewonnen, was würdest du damit machen?
- Wenn du nur noch 24 Stunden zu leben hättest, was würdest du tun und warum?
- Was ist eines deiner besten Erinnerungen aus deiner Kindheit? Was hat es so besonders gemacht?
- Was war der beste Urlaub, den wir bisher gemeinsam erlebt haben und warum?
- Von all den schönen Geschenken, die du in deiner Kindheit bekommen hast, an welches erinnerst du dich am liebsten?
- Wenn unser Haus in Flammen steht und ich und die Kinder sicher sind, welche Gegenstände würdest du mitnehmen? Warum?
- Wenn wir die Zeit zurückdrehen könnten, was würden wir anders machen wollen?
- Wann hatten wir die größte Angst in unserem Leben?
- Welche Fähigkeit oder Talent würdest du dir wünschen?
- Was wolltest du werden, als du 10 Jahre alt warst?
- Was war deine größte Angst in der Schule?
- Was hat dich am meisten stolz auf dich gemacht?
- Was war eines der besten Ratschläge, die deine Eltern dir gegeben haben?
- Was würdest du gerne lernen?
- An was erinnerst du dich am meisten, wenn du daran denkst, als wir uns kennengelernt haben?
- Welche Erinnerung an mich bringt dich zum Lachen?

- Stell dir vor, wir beide sitzen mit 80 Jahren auf der Terrasse und genießen den Sonnenuntergang und du nimmst meine Hand. Was würdest du dann sagen?
- Was würdest du tun, wenn Scheitern unmöglich wäre?
- Wenn du in 120 Jahren selbst Teilnehmer auf deiner Beerdigung sein könntest. Was würdest du hören wollen, dass Leute über dich sagen?
- Wenn du ein Buch schreiben könntest, das die Welt verändern würde. Wie würde das Buch heißen und worum würde es dort gehen?
- Welchen Job hättest du gerne?
- Was ist der lustigste Ratschlag, den du von deinen Eltern mitgenommen hast?

Diese Fragen sind nicht nur unterhaltsam, sie sagen auch viel darüber aus, wie wir denken und fühlen. Sie zeigen unserem Partner, dass wir an ihm interessiert sind.

Die beste Zeit für diese Fragen ist, wenn beide entspannt und in Stimmung dafür sind. Die Fragen können abfotografiert werden und auf dem Smartphone als Spicker dienen.

Je mehr wir mit unserem Partner reden, desto mehr verstehen wir den anderen. Wir bleiben in Verbindung, wachsen mehr zusammen und können die Schwächen des anderen besser ausgleichen.

Die Gespräche in den Alltag integrieren

Wie können wir die Gespräche und Fragen in den Alltag integrieren?

Wir können uns jeden Tag für 10 15 Minuten Zeit für das gemeinsame "Schatz, wie war dein Tag"-Gespräch nehmen. Sehr hilfreich ist dabei eine bestimmte Uhrzeit, damit das Gespräch zur Routine wird.

Alle zwei Wochen können wir das "Lass uns über uns sprechen"-Gespräch integrieren. Auch die Fragen können in das Gespräch eingebaut werden und helfen, Interessantes über unseren Partner zu erfahren und das Gespräch spannend zu gestalten.

Die Regelmäßigkeit der Gespräche ist wichtig. Die Zeiten für die Gespräche können als Termin im Kalender geplant werden.

Wir können für die Gespräche Ausgehen oder zu Hause bleiben. Beides ist in Ordnung. Wichtig ist nur eine gute und entspannte Stimmung.

Je weniger wir während des Gesprächs gestört oder unterbrochen werden, desto mehr Tiefe kann entstehen.

14 NÄHE UND ZÄRTLICHKEIT

"Eine Umarmung ist wie ein Bumerang, der zu uns zurückkommt."– Bil Keane

Es ist schön ältere Paare Händchen haltend spazieren gehen zu sehen. Zwischen ihnen gibt es eine tiefe Verbundenheit, welche die Zuneigung zueinander am Leben hält.

Viele Paare sind so sehr in ihrem Alltag eingebunden, dass sie die sanften Berührungen übersehen. Sie überspringen die zärtlichen Berührungen und gehen direkt zu den intimen physischen Berührungen über.

Körperliche Zuneigung kann sehr vielfältig sein.

Auf einer Seite haben wir die sexuelle Energie, die wie ein Feuerwerk aufgeht.

Auf der anderen Seite gibt es die kleinen leichten Berührungen, die vielleicht nicht so spektakulär, aber nicht weniger wichtig sind.

In der weiteren Liebesgewohnheit, die wir integrieren wollen, geht es um genau diese Art von Berührungen.

Es geht um Berührungen, die die meisten im Laufe der Zeit vielleicht sogar komplett aus ihrem Repertoire verloren haben.

Es geht um zärtliche Berührungen, welche nicht die Absicht haben, gemeinsam im Bett zu enden.

Es geht darum, Zärtlichkeiten auszutauschen und dem anderen eine andere Art von Wertschätzung entgegenzubringen.

Wir wollen mit unserem Partner als Person zusammen sein und nicht nur sexuelle Erfahrungen austauschen.

Es geht nicht darum, auf physische Intimität zu verzichten. Es geht vielmehr darum, weitere zärtliche und wertschätzende Berührungen zu integrieren. Das Ziel ist beide Sprachen beherrschen zu können.

Sich gegenseitig zu berühren und miteinander zu kuscheln, sind die einfachsten Möglichkeiten einander körperliche Zuneigung zu zeigen. Und das auf einer weichen und tiefen Ebene.

Unsere Haut verfügt über 5 Millionen Berührungsrezeptoren und hat großen Einfluss auf unsere Gefühlsebene. Durch Berührungen werden verschiedene Glückshormone ausgeschüttet. Oxytocin zum Beispiel reduziert Stress und lässt uns gut fühlen.

Wenn wir uns gut fühlen, verfügen wir meist über erhöhte Mengen Oxytocin.

Oxytocin beeinflusst unsere Empathie und emotionalen Reaktionen. Sie sind für Gefühle von Nähe und Intimität sehr wichtig.

Einfach kuscheln und sanft berühren. Nicht jede zarte und angenehme Berührung muss zu Intimität führen.

- Eine lange Umarmung und ein zärtlicher Kuss, sobald man das Haus verlässt oder nach Hause kommt.
- Ein überraschender Kuss. Wie oft küssen wir unseren Partner? Ist das Küssen nur noch ein Teil des Vorspiels geworden? Ein einfacher Kuss auf die Wange ist völlig ausreichend.
- Gemeinsames Kuscheln auf dem Sofa und Aufwärmen unter der Decke.
- Streicheln der Füße beim Fernsehen.
- Den Kopf des Partners in den Schoß legen und zärtlich das Gesicht massieren.
- Ein vertrauter Blick in die Augen des Partners und eine zärtliche Umarmung bewirken Wunder.
- Arm in Arm spazieren gehen.
- Eine Nackenmassage, während der andere am Schreibtisch sitzt.
- Den Partner zum Beispiel im Badezimmer von der Seite an der Hüfte umarmen und an sich drücken.
- Das Gesicht in den Nacken des Partners legen.
- Küssen während der Werbepause.
- Zärtliches Streicheln während der andere ein Buch liest.
- Durch die Haare des Partners streichen. Evtl. eine kurze Kopfmassage machen.
- Gemeinsames Kuscheln vorm Einschlafen.

Wir können die Initiative ergreifen. Wir müssen nicht darauf warten, bis unser Partner beginnt, die Nähe zu suchen. Wir können einfach damit beginnen Nähe und Zärtlichkeit auszutauschen.

15 GEMEINSAM SPAß HABEN

“Wir hören nicht auf zu spielen, weil wir alt werden. Wir werden alt, weil wir aufhören zu spielen.” – George Bernard Shaw

Manchmal lässt uns die Realität des Alltags vergessen gemeinsam Spaß zu haben. Und das ist wahrscheinlich das, was uns in erster Linie zusammengeführt hat.

Besonders nach einem anstrengenden Tag ist es schwer vorstellbar, gemeinsam Spaß zu haben. Häufig warten noch Aufgaben im Haushalt, offene Rechnungen, Gartenarbeit und die Kinder auf einen.

Viele Paare vergessen darauf zu achten, regelmäßig für Spaß und freudige Momente zu sorgen.

Bei dieser Liebesgewohnheit geht es darum, gemeinsam wieder Spaß und Freude in den Wochenablauf zu integrieren. Es geht darum, gemeinsam zu lachen und positive Erinnerungen zu schaffen.

Freudige Aktivitäten bewusst planen

Glückliche Paare überlassen ihre freudigen Momente nicht dem Zufall. Sie planen sie im Voraus bewusst in ihren vollen Terminkalender ein, genauso, wie sie Aktivitäten mit guten Freunden planen.

Es geht darum, die Zeit für das, was uns wichtig ist zu blocken. Wenn wir die Zeit nicht bewusst für uns nehmen, wird immer etwas dazwischen kommen.

Auch wenn das nicht sehr romantisch klingt, ist es notwendig, um im Alltag Zeit füreinander zu finden. Es bietet sich an, einen Abend in der Woche festzulegen, an dem man gemeinsam etwas Schönes erleben möchte.

Es gibt verschiedene Dinge, die man gemeinsam erleben kann

Sobald die Zeit füreinander geblockt ist und nichts dazwischen kommt, können wir uns überlegen, was wir in der Zeit Schönes machen wollen, um qualitative Zeit miteinander zu verbringen.

Was qualitative Zeit ist, wird von jedem anders empfunden. Hier sind einige Beispiele und Anregungen, welche um eigene Ideen angereichert werden können:

- Zu zweit romantisch essen gehen
- Gemeinsamer Filmabend
- Ein gemeinsam gekochtes Abendessen, etwas Kerzenlicht und eine Flasche Rotwein
- Gemeinsamer Youtube-Karaokeabend
- Gemeinsam tanzen gehen
- Gemeinsam etwas Sportliches unternehmen

- Gemeinsames Dehnen
- Gemeinsames Schaumbad mit Kerzenlicht
- Gemeinsame Fahrradtour
- Gemeinsamer Konzertbesuch
- Gemeinsamer Spaziergang im Regen
- Gemeinsamer Kochkurs
- Gemeinsame Wasserschlacht
- Gemeinsame Segway Tour mit Sightseeing
- Gemeinsame Kissenschlacht
- Gemeinsame Schneeballschlacht
- Gemeinsame Cabriotour
- Gemeinsames Lagerfeuer
- Gemeinsamer Abend mit alten Fotoalben
- Gemeinsam Pizza backen

Dies sind nur einige Anregungen. Sobald wir beginnen uns bewusst Gedanken zu machen, werden uns unzählige andere Dinge einfallen.

Es ist schön, etwas Lockeres zu unternehmen

Es ist wichtig, dass wir die Leichtigkeit in unserem Leben beibehalten. Wir können etwas ganz Spontanes unternehmen und müssen nicht immer ernst bleiben. Das Leben ist an vielen Stellen ernst genug.

Wir sollten nicht zulassen, dass der Alltag uns stückweise voneinander trennt. Wir sind mit unserem Partner zusammen und wollen auch freudige Momente teilen.

Gemeinsamer Spaß und gemeinsames Lachen sind Anzeichen einer gesunden Beziehung.

Gemeinsamer Kurzurlaub

Ein gemeinsamer Kurzurlaub kann etwas sehr Schönes und Erholsames sein. Es schafft die Möglichkeit, sich vom Alltag zu lösen und gemeinsam etwas zu unternehmen.

Es muss nichts Teures oder Aufwendiges sein. Drei Tage Kurzurlaub in Österreich oder an der Ostsee können sehr schön sein und reichen in der Regel auch aus.

Es ist ausreichend Zeit für ein gemeinsames Frühstück, Wandern, Radtour, Fahrradfahren, Lesen etc.

Wenn die Kinder etwas älter sind, können sie über die Zeit vielleicht bei den Großeltern übernachten.

Wenn etwas Ähnliches schon eine Weile zurückliegt, sollten wir unseren nächsten Kurzurlaub planen. Die Planung allein kann schon sehr schön und angenehm sein.

Es wäre ideal, wenn wir für 1 bis 2 Wochenenden im Jahr einen gemeinsamen und erholsamen Kurzurlaub planen. Es muss nichts Teures sein, sollte aber etwas weiter weg vom eigenen Haus sein. Dies wird eine schöne Zeit zu zweit.

16 KLEINE GEHEIMNISSE UND ÜBERRASCHUNGEN

Wir alle sind auf der Suche nach Sicherheit, Vorhersagbarkeit und Zuverlässigkeit.

Es gibt jedoch etwas vergleichbares Wichtiges. Genauso wie wir nach Nähe, Stabilität und Sicherheit streben, gibt es ein Verlangen nach Abenteuer, Reisen, Neugier und Geheimnissen.

Wir möchten Aufregung und Erregung spüren. Wir möchten uns sicher, aber auch lebendig fühlen.

Und am besten beides gleichzeitig.

Die Gefühle der Aufregung und der Abenteuerlust geraten durch die Aufgaben des Alltags häufig in den Hintergrund.

Bleiben wir zu lange in unserer Komfortzone, wird es mit der Zeit trocken und stumpf.

Wo es kleine Geheimnisse und Überraschungen in der Beziehung gibt, gibt es auch Neugier und Verlangen.

Wie können wir dieses Geheimnisvolle in unsere Beziehung integrieren?

Geheimnisse, Neugier und Überraschungen lassen sich häufig sehr einfach integrieren. Es muss nichts extrem Aufwendiges oder Teures sein.

Es gibt verschiedene Möglichkeiten kleine Überraschungen und Abenteuer in unseren Alltag zu integrieren, um die Bedürfnisse nach Abenteuer, Reisen und Geheimnissen zu stillen:

- Während der Partner beim Arbeiten ist, eine kleine Notiz mit den Worten "Ich liebe dich" an der Windschutzscheibe hinterlassen.

- Bevor der Partner auf Dienstreise ist, eine kleine Nachricht oder eine kleine Aufmerksamkeit im Koffer oder der Laptoptasche verstecken.

- Den Lieblingskuchen des Partners backen oder kaufen und mit einer Nachricht in einer Geschenkbox im Kühlschrank hinterlegen.

- Einen liebevollen Brief per Post zur Arbeitsstelle des Partners schicken.

- Mit Tickets für ein Konzert überraschen und nicht verraten, dass im Anschluss ein Tisch in einem romantischen Restaurant gebucht ist und die Nacht in einem Hotel verbracht wird.

- Ein Abenteueressen. Je nach Verkehrslage, den Timer auf 15 Minuten stellen und losfahren. An jeder zweiten Kreuzung wird eine Münze geworfen. Bei Kopf geht es nach links und bei Zahl geht es nach rechts. Sobald der

Timer abgelaufen ist, können wir nach einer schönen Lokation Ausschau halten. Das geht besonders in Großstädten sehr gut.

- Mit einer Kleinigkeit überraschen, die sich unser Partner im Katalog oder im Schaufenster angeschaut hat.

- Die Augen verbinden und verschiedene Eissorten verkosten.

- Eine Überraschung mit Frühstück ans Bett bringen.

- Gepäck vorbereiten und im Auto verstecken. Dann gemeinsam in eine andere Stadt zum Einkaufen fahren. Und als Überraschung, die Nacht in einem gemütlichen Hotel verbringen.

- Eine 2-tägige Wandertour, wenn unser Partner die Natur und Berge mag.

- Ein 2-tägiger Aufenthalt in einer romantischen Berghütte mit Sauna und Kamin. Alles ohne elektronische Geräte.

Umso näher es am Zuhause ist, desto weniger Zeit benötigt man für die An- und Abreise. Auch wenn es in der Nähe vom Zuhause ist, können wir das Reiseziel so lange wie möglich geheim halten.

Allein die Planung für die Aktivitäten kann die Romantik und die Leidenschaft füreinander steigern.

Wir sollten dabei immer beachten, was unser Partner gerne hat. Schließlich wollen wir gemeinsam eine schöne Zeit verbringen.

Für einige Aktivitäten ist es notwendig, dass wir unseren Partner in die Vorbereitungen involvieren. Wir sollten dann nur die nötigsten Informationen weitergeben.

Wir können unseren Partner auch mit irreführenden Informationen versorgen, um die Überraschung zu verstärken. Wir könnten zum Beispiel Wandersachen packen lassen und dann in ein Wellnesshotel fahren.

Wenn wir mit dem Auto unterwegs sind und glauben, dass unser Partner zu schnell herausfinden könnte, wohin die Reise geht, können wir zunächst bewusst in eine andere Richtung fahren.

Wenn wir das Reiseziel vor Aufregung nicht mehr für uns behalten können, können wir unserem Partner sagen, dass er Farbe im Gesicht hat.
Sobald die Sonnenblende mit Spiegel heruntergeklappt wird, steht auf einem Zettel das Reiseziel.

Was, wenn unser Partner „Nein“ sagt?

Wenn wir das Gefühl haben, dass unser Partner nicht in Stimmung für so ein Abenteuer ist, sollten wir es auf einen Zeitpunkt verschieben, wo die Stimmung gut und unsere Beziehung gestärkt ist.

Es kann sein, dass unser Partner etwas Zeit braucht, um sich an unser liebevolles Verhalten und unsere neuen Gewohnheiten zu gewöhnen.

Je nach Beziehungsstatus eignen sich anfangs vielleicht erst kleinere Aufmerksamkeiten.
Wir wollen niemanden dazu zwingen, ein schönes und abenteuerliches Wochenende mit uns zu verbringen.

Der passende Zeitpunkt dafür wird kommen. Und dann sind wir vorbereitet.

17 EINFACH GUT ZUHÖREN

Ein guter Zuhörer zu sein, erfordert regelmäßige Übung. Ein schlechter Zuhörer zu sein, ist sehr einfach.

Bevor man weiß, wie man etwas bedeutungsvoll und überlegt kommuniziert, ist es wichtig, leise zu sein und gut zuhören zu können.

Dazu gehören aktives Zuhören, die richtigen Fragen und das Zeigen von Interesse, während man versucht unser Gegenüber richtig zu verstehen.

Richtiges Zuhören ist eines der wichtigsten Kommunikationsfähigkeiten, die es gibt und in jeder Lebenslage hilfreich.

Es gibt einige Dinge, die einen guten Zuhörer auszeichnen.

Ermutigen

Wenn wir in einem Gespräch nur ganz still zuhören, fühlt sich das unangenehm an und könnte als Desinteresse empfunden werden.

Andererseits wird ständiges Unterbrechen als lästig wahrgenommen. Das Optimum liegt irgendwo in der Mitte von beidem.

Einige Phrasen können uns helfen, zuzuhören und gleichzeitig Interesse zu zeigen: "So habe ich das noch nie gesehen.", "Interessant.", "Ich verstehe.", "Erzähl mir mehr." oder beliebige Kombinationen davon.

Das heißt nicht, dass wir Interesse vorheucheln sollen. Es geht darum, echtes Interesse zu zeigen und deutlich zu machen.

Unser Partner wird sich dadurch gut fühlen und Interesse haben, mehr mit uns zu reden. Gleichzeitig haben wir die Möglichkeit, mehr von unserem Partner und seinen Erlebnissen zu erfahren.

Wir ermutigen ihn mehr zu erzählen und zeigen, dass wir am Thema interessiert sind.

Zusammenfassen

Wir können das Gesagte in eigenen Worten zusammenfassen, um zu prüfen, ob wir das, was gesagt wurde richtig verstanden und interpretiert haben: "Habe ich richtig verstanden, dass...", "Du meinst also, dass..." oder "Wenn ich das jetzt richtig verstanden habe, dann...".

Es ist wichtig, nicht nur das Gesagte wiederzugeben, sondern auch das, was wir glauben wahrgenommen zu haben. Wie fühlt, denkt und steht unser Partner zu dem tatsächlich Gesagten?

Die W-Fragen

Es ist klug, mehr über den Hintergrund des Gesagten zu erfahren. Es zeigt unser Interesse am Thema.

Wir können dafür die 5 klassischen W-Fragen nutzen: Wer, wie, was, wann und wo.

Durch diese einfachen Fragen haben wir die Möglichkeit, sehr schnell mehr Hintergrundinformationen zu erfahren und das zugrundeliegende Problem zu verstehen.

Es sind alles offene Fragen, die unseren Partner dazu auffordern, mehr zu erzählen. Geschlossene Fragen dagegen sind Fragen, die mit einem einfachen „Ja" oder „Nein" beantwortet werden können.

Beispiele:

- Wie kommt es dazu?
- Woher weißt du das?
- Was meinst du damit?
- Was bringt dich dazu, das anzunehmen?
- Wann hat das angefangen?
- Wo ist das passiert?
- Wer war daran beteiligt?

Aufhören „Warum" zu fragen

Wenn wir nicht absichtlich jemanden in die Enge treiben oder dazu bringen wollen, trotzig zu reagieren, sollten wir die „Warum"-Frage grundsätzlich meiden:

- Warum hast du…?
- Warum hast du nicht...?

Die meisten Fragen, die mit einem „Warum“ beginnen, liefern nur unbrauchbare Antworten, weil die gefragte Person es nicht weiß, nicht darüber nachgedacht hat, oder etwas nicht erzählen will.

Antworten auf „Warum“-Fragen beginnen mit einem “weil” und bringen den Gesprächspartner in die Situation, in der er sich rechtfertigen muss.

Mit einer „Warum“-Frage wird auch niemals das zugrundeliegende Problem identifiziert.

Durch die Frage nach dem „Warum“, graben wir tiefer und tiefer ohne weitere hilfreiche Informationen zu erhalten.

Besonders, wenn wir das Verhalten einer Person ändern wollen, sollten wir nicht danach fragen, warum sie etwas getan hat.

Die fünf W-Fragen sollten dem „Warum“ bevorzugt werden.

Geschlossene Fragen vermeiden

Geschlossene Fragen sind Fragen, die mit einem einfachen „Ja“ oder „Nein“ beantwortet werden können.

Ein Konflikt wird durch einfache „Ja“- oder „Nein“-Antworten nicht gelöst. Die Antworten „Ja“ oder „Nein“ enthalten keine weiteren Informationen. Ein Gespräch kann dadurch sehr schnell an einem unangenehmen Punkt gelangen, ohne, dass ein klärendes Gespräch geführt oder eine Lösung gefunden wurde.

Um eine passende Lösung zu finden, brauchen wir mehr Informationen als nur ein „Ja“ oder „Nein“.

„Aber“ vermeiden

Das Wort „aber“ hat sich teilweise so stark in unserem Sprachmuster etabliert, dass wir es fast in jedem zweiten Satz verwenden.

Sobald jemand etwas sagt, folgt häufig eine Antwort mit dem kleinen Wort “aber”. Es ist ein kleines Wort mit großer Wirkung.

Es löscht alles, was unser Partner gerade gesagt hat und verursacht eine angespannte Situation mit verhärteten Fronten.

Anstatt das Wort “aber” zu nutzen, können wir “Ja, …und…“ integrieren.

Die Struktur der Antwort wäre: “Ja, (etwas integrieren, mit dem wir zustimmen), und (sagen, was unser Standpunkt dazu ist)”.

Alternative Sätze wären: “Ja, und gleichzeitig...” oder “Ja, und zusätzlich dazu ist...”.

Ein konkretes Beispiel:
Statement: “Ein Kind in diesem Alter ist zu jung für ein Mobiltelefon.”
Antwort: “Ja, er ist zu jung, und obwohl er es leicht verlieren könnte, würde es uns helfen zu wissen, wo er ist, wenn etwas passiert.”

Den Satz mit „Ja“ zu beginnen bedeutet nicht, dass wir dem Gesagten voll zustimmen.
Es geht in erster Linie nicht darum, ob wir einverstanden oder nicht einverstanden sind.
Es geht darum, zu würdigen, dass unser Partner gerade etwas gesagt hat und gleichzeitig unsere eigene Meinung dazu zu äußern.

Keine unaufgeforderten Ratschläge

Manchmal brauchen wir jemanden, der uns zuhört und uns versteht statt einer Lösung für ein Problem.

Vielleicht ist es eine Herausforderung bei der Arbeit, ein Dilemma mit einem Freund oder eine Gewohnheit, die wir ändern möchten.

Wie fühlen wir uns, wenn wir mitten in einem Satz unterbrochen und mit einer Lösung konfrontiert werden, obwohl wir unseren Gedanken und unser Anliegen noch gar nicht vollständig dargelegt haben?

Es passiert schnell, dass wir einander unterbrechen und nicht ausreden lassen. Wir hören zu wenig zu und springen zu schnell in Schlussfolgerungen.
Es fühlt sich nicht schön an, unterbrochen zu werden. Es ist schön, wenn sich jemand die Zeit nimmt, zu Ende zuzuhören.

Das heißt nicht, dass wir Lösungen und Hilfestellungen für uns behalten, wenn wir sie kennen.
Wir sollten zuvor nur sehr gut zuhören und erst dann einen Lösungsvorschlag unterbreiten, wenn wir den gesamten Hintergrund des Problems verstanden haben.

Bevor wir die Lösung präsentieren, können wir auch einfach fragen, ob unser Partner hören will, was wir zu dem Thema denken.
Wenn die Antwort „Ja" ist, können wir den Lösungsvorschlag oder unsere Meinung mitteilen. Vielleicht ist die Antwort auch „Nein", weil unser Partner gerade in schlechter Verfassung ist und einfach nur gehört werden möchte.
Wenn wir das berücksichtigen, werden unsere Unterhaltungen nur angenehmer und bedeutungsvoller.

Empathie zeigen

Es ist ein schönes Gefühl, zu wissen, dass unser Partner uns versteht und mit uns mitfühlt.

Wenn wir verstehen, wie unser Partner in einer bestimmten Situation fühlt, und wir uns in die Situation hineinversetzen können, sollten wir das auch zum Ausdruck bringen.

Häufig ist es das, was unser Partner am meisten braucht:

- Ich verstehe, wie du dich fühlst ...
- Du musst dich ja xxx gefühlt haben....

Es ist schön, verstanden zu werden.

Richtig unterstützen

Manchmal ist es offensichtlich, dass unser Partner vor einer Herausforderung steht und nicht weiß, was er tun soll. Manchmal hat es etwas mit dem Beruf zu tun und manchmal etwas mit dem Freundeskreis oder der Familie.

In den meisten Fällen kennt unser Partner die Lösung bereits unterbewusst und möchte von jemandem gehört werden, dem er vertraut und ihn versteht.

Werden wir nach unserer Meinung oder einem Ratschlag gefragt, ist es häufig hilfreicher, unseren Partner dabei zu unterstützen, selbst die Lösung für das Problem zu finden.

Ein Beispiel dafür könnte wie folgt aussehen:

Jenny: "Was ist los Schatz? Du wirkst in letzter Zeit sehr angespannt. Möchtest du darüber reden?"

John: "Ich weiß nicht, ich fühle mich in letzter Zeit so ängstlich und mache mir viele Sorgen."

Jenny: "Erzähl mir mehr davon. Was meinst du damit?"

Mit der letzten Frage wollen wir mehr erfahren und vermeiden die Warum-Frage: "Warum fühlst du dich ängstlich und machst dir Sorgen?".

Es gibt einige Fragen, die wir in unterschiedlichen Situationen und zu unterschiedlichen Themen stellen können, um unserem Partner zu helfen, ein klareres Bild zu bekommen und eine Lösung zu finden:

- Wie fühlst du dich, wenn du ängstlich bist?
- Bei welchen Dingen hast du das Gefühl?
- Wann hat dieses Gefühl angefangen?
- Was meinst du damit?
- Was denkst du, solltest du jetzt tun?
- Wenn du wüsstest, was du tun kannst, was wäre das?
- Was hat bei dir in der Vergangenheit funktioniert?
- Wie bist du bisher damit umgegangen?
- Welche der Dinge scheinen dir am Wichtigsten?
- Wie glaubst du, wird das funktionieren?
- Was hält dich davon ab?
- Jeder? Immer? Niemals? Niemand? Alle?
- Wer sagt das?
- Verglichen mit wem? Verglichen mit was?
- Was wäre wenn? Was wäre wenn nicht?
- Wie würdest du dich fühlen, wenn du nächstes Jahr in der gleichen Situation wärst?
- Warum ist es dir wichtig?

Es geht darum, dem anderen mit gezielten Fragen zu helfen, eine mögliche Lösung zu finden. Es ermöglicht unserem Partner, das Thema aus unterschiedlichen Perspektiven zu betrachten.

Wenn wir feststellen, dass unser Partner bei einem Thema festgefahren ist und Schwierigkeiten hat eine Lösung zu finden, sollten wir unsere Sicht oder unsere Ratschläge platzieren.

Wir sollten diese jedoch sehr freundlich und sanft formulieren: “Was wäre, wenn...” oder “Hast du schon mal daran gedacht...”

Auch, wenn diese Fragen in unterschiedlichen Situationen sehr hilfreich sind, sollten wir im Familien- und Bekanntenkreis sehr vorsichtig mit ihnen umgehen.

Wenn wir sie bei passender Gelegenheit einsetzen und unsere Fragen gut ankommen, können wir sie vermehrt einsetzen. Andernfalls sollten wir sie reduzieren und nur bewusst in entsprechenden Situationen einsetzen.

18 ES GEHT UM UNS

Wenn wir etwas sagen wollen, sollten wir uns nicht auf die andere Person, sondern auf uns selbst konzentrieren.

Sätze, in denen wir uns auf den anderen konzentrieren, führen häufig zu Kritik und Schuldzuweisungen.

Solche Sätze trennen beide Gesprächspartner, noch bevor ein Gespräch stattfinden konnte.

Dazu gehören Sätze mit: "Du...", "Dein Verhalten...", "Du bist...", "Hast du...", "Warum hast du..." oder "Warum kannst du nicht...".

Ein Beispiel:
John: "Jenny, du wirst die Dinge nicht beherrschen, wenn du nicht ausreichend dafür übst."
Jenny: "Ach, wirklich? Und welche von ihnen kannst du?"

In dem Beispiel fühlt sich Jenny kritisiert und reagiert mit einer Abwehrhaltung.

Besser ist über sich selbst zu sprechen und Sätze zu nutzen, die mit "Ich" beginnen.

Falsch: "Du hast die Kinder zu spät abgeholt."
Besser: "Ich möchte sicher sein, dass die Kinder pünktlich abgeholt werden".

Falsch: "Du gehst mit xxx sehr unvorsichtig um."
Besser: "Ich mache mir Sorgen um..."

Darüber sprechen, wie wir uns fühlen

Wenn wir etwas sagen wollen und zuerst an unseren Partner denken, sollten wir uns darauf konzentrieren, wie wir uns fühlen.

Falsch: "Du hast die Rechnungen wieder nicht bezahlt."
Besser: "Ich fühle mich schlecht und bin wütend auf dich, wenn du vergisst, die Rechnungen rechtzeitig zu bezahlen."

Auch wenn es mehr Wörter benötigt, um die gleiche Botschaft zu vermitteln, ist es doch freundlicher. Wir meiden dadurch eine direkte Kritik oder Schuldzuweisung.

Worte wie "immer" und "nie" meiden

Wir sollten mit dem Umgang von Wörtern wie immer, niemals, jeder, niemand, nichts und alles sehr vorsichtig umgehen.

Diese Wörter werden häufig mit ungerechtfertigter Kritik oder Schuldzuweisung in Verbindung gebracht:

- Du machst immer...
- Du machst nie…
- Alles ist falsch.
- Du machst das immer so.
- Ich habe alles versucht.

- Niemals hilft mir einer.
- Du wirst dich niemals ändern.
- Kannst du nicht einmal...
- Wenn ich versuche mit dir zu reden, machst du immer...

Diese Sätze sind aufgrund der groben Übertreibung nur selten richtig und stellen nur die eigene Sicht dar.

Sie neigen dazu, eher die Persönlichkeit als das Verhalten zu kritisieren.

Manchmal treffen diese Sätze Personen, die uns lieben und es gut mit uns meinen, wie unsere Kinder oder unseren Partner.

Anstatt das Verhalten langfristig zu verändern, erhöht es die Distanz zu unserem Partner.

Es gibt einige spezifische Adverbien, die wir anstelle der unzutreffenden Generalisierungen nutzen können:

- Letztes Mal
- Gestern
- Letzte Woche
- Die letzten Male
- Manchmal
- Häufig
- Oftmals

Wenn wir zum Beispiel sagen "Ich mache immer die ganze Arbeit", geben wir dem anderen zu verstehen, dass er nichts tut. Und dies ist so wahrscheinlich nicht wahr.

Auch, wenn das sehr nah an der Realität ist, gibt es sicherlich Bereiche, in denen unser Partner wertvolle Aufgaben übernimmt.

Zu hören, dass der andere die ganze Arbeit übernimmt, schafft eine Abwehrhaltung und Trotzreaktion. Und das ist genau das Gegenteil, was wir mit unserer Aussage bewirken wollen.

Wenn unser Partner abends häufig vergisst, die Tür abzuschließen, sollten wir nicht so etwas sagen, wie: "Du lässt immer die Tür offen. Willst du, dass wir ausgeraubt werden?".

Besser ist: "Schatz es erschreckt mich, wenn ich morgens merke, dass die Tür nicht abgeschlossen war. Wenn nachts die Tür offen ist, fühle ich mich unsicher. Ich würde mich freuen, wenn du vorm Schlafengehen, die Tür schließen würdest. Könntest du das bitte für mich tun?".

Wir sollten dabei so spezifisch wie möglich sein.

Generalisierungen, vermitteln unserem Partner nur, dass wir das, was er tut nicht wertschätzen.

Alles, was wir tun, beginnt in unserem Kopf. Wir sollten Generalisierungen grundsätzlich meiden. Auch in Gedanken, wenn wir über uns oder andere nachdenken.

Darüber sprechen, was wir wollen

Anstatt zu sagen, was wir nicht wollen, sollten wir sagen, was wir wollen.

Falsch: "Ich möchte heute nicht einkaufen gehen."
Besser: "Ich möchte heute lieber zum Strand."

Falsch: "Du musst verantwortungsvoller mit unserem Geld umgehen."
Besser: "Ich möchte, dass wir das Geld wie besprochen sparen, um uns das neue Haus kaufen zu können."

Vielen ist nicht bewusst, wie häufig sie mitteilen, was sie nicht wollen. Nur, wenn wir deutlich mitteilen, was wir wollen, können wir auch verstanden werden.

Indem wir uns klar ausdrücken, vermeiden wir Missverständnisse und unser Partner muss nicht raten, was in uns vorgeht und warum wir etwas sagen.

Negative Aussagen darüber von dem, was wir nicht wollen, sind nicht effektiv. Sie werden von unserem Gehirn nicht verstanden. Unser Gehirn kann mit dem Wort "nicht" nur wenig anfangen. Das ist der Grund, warum "Mach das nicht." weniger effektiv ist als "Hör auf damit.".

Eine negative Aussage führt zu einer Abwehrhaltung und Entmutigung. Eine positive Aussage dagegen führt zu Zusammenarbeit und Begeisterung.

Das Gleiche gilt auch in anderen Lebensbereichen. Wenn wir zum Beispiel mit dem Rauchen aufhören wollen und uns immer wieder sagen "Ich rauche diese Zigarette nicht.", "Ich möchte die Zigarette nicht." oder "Ich denke nicht an Zigaretten.", denken wir permanent an nichts anderes als die Zigarette. Das Wort „nicht" hat keine Bedeutung.

Wenn wir auf unsere Ernährung achten und zum Kühlschrank gehen und uns sagen "Ich sollte diesen Kuchen nicht essen. Ich sollte das wirklich nicht tun.", wandert unsere Hand langsam aber sicher zu dem Stück Kuchen und wir nehmen es heraus und essen es.

Es ist immer dasselbe Prinzip. Das Wort "nicht" hat keine Bedeutung.

Was wir uns stattdessen sagen können, ist zum Beispiel "Ich widerstehe dem Drang, diesen Kuchen zu essen, weil es gut für mich ist. Ich trinke lieber ein Glas Wasser. ".

Wir sollten mit dem Wort „nicht“ und anderen Verneinungen sehr bewusst umgehen.

Was wir beachten sollten

Wir sollten darauf achten, dass wir Sätze mit “Ich fühle…” nicht missbrauchen.

Ein Satz, wie “Ich fühle, dass du...” wird uns nichts bringen. Es ist eine schlecht getarnte Schuldzuweisung und wird auf Abwehrhaltung stoßen.

Falsch: “Ich fühle, dass du unverantwortlich bist, weil du die Rechnungen wieder nicht bezahlt hast.”

Besser: “Ich fühle mich schlecht und aufgeregt, wenn du die Rechnungen nicht rechtzeitig bezahlst, weil…”

Es ist wichtig, dass wir Sätze mit “Ich wünsche mir...” nicht missbrauchen.

Ein Satz, wie “Ich wünsche mir, dass du die Kinder abholst.” ist eine Aufforderung, mit der wir unserem Partner sagen, was er zu tun hat.

Besser ist: “Ich wünsche mir, dass unsere Kinder rechtzeitig abgeholt werden. Kümmerst du dich darum?”

Wir sollten das Wort “wir” nicht als getarntes “du” verwenden.

Falsch: “Wir müssen aufhören uns ständig zu streiten.”

Besser: “Ich fühle mich schlecht und aufgeregt, wenn wir uns streiten. Ich habe darüber nachgedacht und ein paar Ideen gefunden, was ich ändern kann, um seltener zu streiten. Was denkst du dazu?”

Mit ein bisschen Übung

Wenn wir glauben, dass sich diese Art von Sprechen unnatürlich anfühlt und nicht normal ist, dann nur, weil wir es nicht gewohnt sind, so zu sprechen.

Es ist schön, freundlich und fair zu kommunizieren und unseren Gesprächspartner nicht zu verletzen oder anzugreifen.

Wir müssen nicht alles hier Gelesene sofort perfekt umsetzen können. Wir können die einzelnen Tipps Stück für Stück integrieren und üben.

Wir können zum Beispiel damit beginnen, Generalisierungen wie "immer" und "nie" zu meiden.
Sobald wir das als Gewohnheit automatisch umsetzen, können wir als Nächstes mehr darauf achten, über uns und unsere Gefühle zu sprechen und das zu sagen, was wir wollen.

Das Ziel dieser Kommunikationsregeln ist, kleine Herausforderungen nicht zu großen Problemen werden zu lassen.

Wenn wir bewusst kommunizieren, können wir viele kleine Herausforderungen des Alltags gemeinsam und verständnisvoll meistern.

19 KONFLIKTE ERFOLGREICH MEISTERN

Viele haben Angst vor Konflikten, weil häufig ein Streit und unangenehme Gefühle die Folge sind. Konflikte müssen jedoch nichts Negatives sein.

Es kommt darauf, wie wir zu ihnen stehen. Wenn unsere Beziehung gesund und lebendig ist, entstehen im Alltag auch mal Meinungsverschiedenheiten, über die gesprochen werden sollte.

Dies ist etwas ganz Natürliches und gehört dazu.

Wichtig ist, dass wir auf eine angemessene Art miteinander kommunizieren.

Wenn wir darauf achten, wie wir unseren Standpunkt verständlich machen, verhindern wir, dass wir unserer Beziehung schaden.
Wenn wir uns richtig ausdrücken, haben wir sogar die Möglichkeit, dass unsere Beziehung stärker wird.

Wichtig dabei ist:

- Anliegen richtig ansprechen
- Kritik dankbar annehmen
- Kontrolle bewahren
- Eine Win-win-Lösung anstreben
- Sich aufrichtig entschuldigen

Mit diesen einfachen Schritten können wir kleine Konflikte freundlich und schnell klären. Und das ohne, dass einer von beiden innerlich verletzt wird und traurig ist.

20 ANLIEGEN RICHTIG ANSPRECHEN

Wie gehen wir mit einem wertvollen Kunden um? Selbst wenn wir verärgert über unseren Kunden sind, nehmen wir wahrscheinlich nicht das Telefon und schreien ihn an.

Wahrscheinlich würden wir am Telefon zuerst fragen, wie es ihm geht. Vielleicht würden wir auch etwas Positives ansprechen und ihn an das letzte gute Gespräch erinnern. Vielleicht würden wir ihn auch nach seinen Kindern fragen.

Erst nach dieser Begrüßungsphase würden wir sagen, wie sehr wir die Geschäftsbeziehung zu ihm schätzen und freundlich auf das Thema, das uns beschäftigt, hinweisen.

Wir würden unsere Worte wahrscheinlich sehr bewusst wählen. Wir würden die Dinge nicht schönreden, aber darauf achten, was und wie wir sie sagen.

So sollte es auch in unserer Beziehung sein. Wir sollten Dinge nicht schönreden oder ignorieren, aber ein freundliches Miteinander aufrechterhalten und die Gefühle des anderen schätzen.

Wenn wir unseren Partner auf ein Thema bedacht ansprechen wollen, sollten wir langsam beginnen und darauf achten, dass eine entspannte Atmosphäre vorhanden ist.

Wir sollten zunächst etwas Nettes und Positives sagen und uns für etwas in der Woche bedanken und es auch so meinen.

Wie wir das Thema ansprechen, ist wichtig

Es gibt einige Sätze, die uns helfen können, unser Anliegen richtig zu platzieren.

Nur wenn sich beide sicher und verbunden fühlen, ist eine Unterhaltung erst möglich. Und nur, wenn eine ernsthafte Unterhaltung stattfinden kann, kann auch eine Lösung gefunden werden.

Mit diesen Sätzen erleichtern wir es unserem Gesprächspartner, sich zu öffnen und sich auf das Thema einzulassen:

- Vielleicht liegt das nur an mir,…
- Vielleicht denke ich falsch darüber,…
- Vielleicht hast du auch schon daran gedacht,…
- Ich wünschte wie, jedoch weiß ich nicht, wie ich das hinbekommen kann...
- Ich weiß nicht wirklich, wie ich das sagen soll und ich hoffe, du hilfst mir,…
- Ich bin mir nicht sicher, ob das OK ist, wenn ich das jetzt anspreche,...
- Ich hoffe, du verzeihst mir, dass ich nicht weiß, wie ich das am besten ansprechen soll,...

Das Ziel dieser Sätze ist nicht, unser Anliegen zu verharmlosen oder sympathischer wirken zu lassen. Mit den Sätzen machen wir deutlich, dass das, was wir im Anschluss ansprechen unsere persönliche Perspektive ist.

Mit diesen Sätzen sagen wir auch: "Ich könnte falsch liegen und bin bereit mit dir darüber zu sprechen und deinen Standpunkt dazu zu hören.". Das ist das Ziel dieser Sätze.

Manchmal ist es angebracht, seine Formulierungen weicher zu wählen, um angemessen in das Thema zu finden und das Gespräch zu eröffnen.

Das Offensichtliche ansprechen

Manchmal liegt etwas in der Luft und schafft eine angespannte Stimmung. Es ist von jedem zu spüren und keiner spricht es an, weil die Angst vor einer unangenehmen Auseinandersetzung besteht.

In solchen Fällen sollten wir den ersten Schritt machen und das offensichtliche Thema ansprechen.

Eine Möglichkeit: "Ich spüre die Anspannung. Ich habe das Gefühl, dass etwas nicht stimmt. Könntest du mir helfen, den Grund zu verstehen?".

Eine sanftere Möglichkeit wäre: "Vielleicht liegt das nur an mir, aber ich spüre eine Anspannung. Kannst du mir helfen, den Grund dafür zu verstehen?".

Wir sollten es vermeiden, nach dem "Warum" zu fragen: "Warum bist du sauer auf mich?".

Diese Frage führt zu einer Rechtfertigung und bringt meist keine zufriedenstellende Antwort.

Eine humorvolle Möglichkeit wäre: "Ich spüre, dass ein Elefant neben uns auf dem Sofa sitzt und es immer ungemütlicher wird.

Vielleicht bin das auch nur ich, aber ich fühle, dass etwas nicht stimmt. Könntest du mir helfen zu verstehen, was los sein könnte?".

Während wir reden, können wir die Hand unseres Partners nehmen und ihn anlächeln.

Es geht darum, etwas Offensichtliches und für jeden Spürbares anzusprechen und zu schauen, ob unser Partner genauso fühlt.

In der Regel wird unser Partner uns dankbar sein, dass wir den Mut haben, das Thema anzusprechen.

Spezifisch sein

Nach einem sanften Start in das Thema sollten wir unser Thema so spezifisch wie möglich erläutern.

Auf diese Art vermeiden wir Kritik oder Schuldzuweisung. Es erleichtert unserem Partner, sich auf eine Folge von konkreten Ereignissen zu beziehen und das nächste Mal besser darauf zu achten.

Eine Möglichkeit dies zu erreichen, ist eine Kombination von "Wenn du" und dem Ausdruck unserer Gefühle: "Wenn du… fühle ich..." oder "Ich fühle… wenn du...".

Falsch: "Du kommst immer zu spät."
Besser: "Wenn du zu spät bist, ohne mir Bescheid zu geben, fühle ich mich nicht geschätzt."

Auch wenn das Wort "du" in dem Satz vorhanden ist, liegen der Fokus und die Betonung auf unseren Gefühlen.

Mit etwas Übung

Wir können damit beginnen, die Themen sanfter zu platzieren, anschließend auf unsere Satzteile achten und unsere Gefühle bewusster zum Ausdruck bringen.

Es ist kein Wettbewerb, wer von beiden besser kommunizieren kann.

Die Qualität unserer Kommunikation beeinflusst jedoch die Qualität unserer Ergebnisse. Je besser wir kommunizieren, desto bessere Ergebnisse erhalten wir.

21 KRITIK RESPEKTVOLL ANNEHMEN

Wichtig ist, wie wir damit umgehen, wenn wir diejenigen sind, die selbst Kritik erhalten.

Wir wissen, wie wir Kritik und heikle Themen freundlich ansprechen können, sodass unser Partner es leicht hat, sein Gesicht zu wahren und darauf zu reagieren.

Vielleicht achten wir bewusster auf unsere Wörter, Sätze und wie wir Kritik meiden oder bewusst platzieren.

Es kann sein, dass unser Partner von diesen Dingen noch nie gehört hat oder sie noch nicht vollständig beherrscht.
Es könnte sein, dass wir regelmäßiger Kritik unseres Partners ausgesetzt sind.

Kritik kann sich bedrohend anfühlen. Es gibt einige einfache Möglichkeiten bewusster und freundlicher mit Kritik umzugehen.

Schritt 1: Dem Gefühl widerstehen, einen verbalen Gegenangriff zu starten

Wenn wir uns bedroht fühlen, neigen wir dazu eine Abwehrhaltung einzunehmen und einen verbalen Gegenangriff zu starten, um uns zu schützen.

Wir sollten darauf achten, dass wir uns nicht in einen Streit verwickeln lassen. Gegenseitige Schuldzuweisungen oder Kritikpunkte bringen keine Lösung herbei.

Schritt 2: Respektvoll akzeptieren

Eine freundliche Antwort hilft unserem Partner zu zeigen, dass sein Anliegen wichtig für uns ist, und dass wir ihn verstehen wollen: "Es tut mir leid dies zu hören. Ich habe das noch nie aus dieser Sicht betrachtet.".

Wenn wir merken, dass wir die Fassung verlieren und uns aus der Ruhe bringen lassen, können wir das offen ansprechen: "Ich fühle mich gerade kritisiert. Kannst du mir helfen, das besser zu verstehen?".

Wir können uns mit der Frage etwas Zeit verschaffen.

Wenn unser Partner sein Anliegen aus seiner Sicht beschreibt, und wir etwas hören, mit dem wir nicht übereinstimmen, sollten wir dem Verlangen widerstehen, unterbrechen zu wollen.

Schritt 3: Aufmerksam zuhören

An dieser Stelle können wir das bisher Gelernte einsetzen. Wir können unseren Partner bitten, mehr dazu zu erzählen, um erst den gesamten Hintergrund zu verstehen: "Ich bin gespannt, erzähl ruhig weiter.", "Ich verstehe." oder "Erzähl mir mehr.".

Anschließend können wir das Gesagte in eigenen Worten wiedergeben, um zu schauen, ob wir die Aussage richtig verstanden haben.

Danach können wir mit den W-Fragen weitere Informationen erfragen und Klarheit schaffen.
An dieser Stelle sollten wir geschlossene Fragen meiden, die nur mit "Ja" oder "Nein" beantwortet werden können und das Wort "aber" enthalten.

Schritt 4: Tiefgreifende Fragen stellen

Häufig glauben wir, dass wir wissen, was unser Partner denkt, obwohl wir es nicht genau wissen und nur annehmen können.

Um besser zu verstehen, was unser Partner meint, sind Fragen hilfreich: "Was meinst du damit?" oder "Könntest du mir helfen, das zu verstehen?".
Wenn wir nach mehr Informationen fragen, werden wir erstaunt sein, wie häufig wir mit unserer Annahme falsch liegen.

Wenn wir kritisiert werden, gibt es häufig dahinterliegende Probleme oder Ängste, welche zu dieser Kritik an uns führen.

Unser Ziel ist, herauszufinden, was der dahinterliegende Grund für die Kritik ist:

- Woher weißt du das?
- Wer sagt das?
- Im Vergleich zu wem? Im Vergleich zu was?

Es ist auch hilfreich, gesagte Generalisierungen aufzulösen, wie immer, jeder, niemals, keiner oder nichts.
Dabei sollten wir darauf achten, dass wir nicht sarkastisch oder überheblich wirken. Wie wir etwas sagen, kann manchmal wichtiger sein, als dass, was wir sagen.

Schritt 5: Nach einer Lösung streben

Hilfreiche Fragen sind: "Wie kann ich helfen?" oder "Was sollte ich deiner Meinung nach tun?".

Wenn ein sinnvoller Vorschlag kommt, sollten wir uns darauf einigen. Es gibt keinen Grund, ein Kritikgespräch künstlich in die Länge zu ziehen.

Wenn kein sinnvoller Vorschlag kommt, sollten wir weiter nach einer Win-win-Lösung suchen.

Schritt 6. Für das Gespräch bedanken

Am Ende des Gesprächs sollten wir uns bei unserem Partner dafür bedanken, dass er das Thema von sich aus angesprochen hat.

Das zeigt Verständnis für die Sache und ermutigt unseren Partner, Dinge offen mit uns zu besprechen.

Auch, wenn wir nicht immer vollständig mit dem Gesagten übereinstimmen, sollten wir darauf achten, dass wir den Respekt voreinander wahren. Nur dadurch werden angenehme Gespräche in der Zukunft möglich.

Die eigentlichen Probleme entstehen, wenn gar nicht miteinander gesprochen wird.

22 KONTROLLE BEWAHREN

Wir sollten frühzeitig erkennen, wann wir wütend werden, und lernen damit umzugehen. Wenn wir es schaffen, wieder runter zu kommen, ersparen wir uns Worte, die wir später bereuen könnten.

Sich selbst unter Kontrolle zu haben, ist eine Fähigkeit, die unsere Beziehung zu unserem Partner und anderen Menschen retten kann. Es reduziert die Zahl der schlechten und beleidigenden Momente, die man miteinander erlebt.

Wenn sich kritische Gespräche mit unserem Partner in einen Tornado verwandeln, entstehen viele laute Geräusche und unkontrollierte Worte.

Dies ist keine angenehme Situation, um ein Thema zu besprechen und eine Lösung zu finden.

Besser ist, wir stellen uns aus dem Tornado heraus und warten, bis der Sturm an uns vorbeigezogen ist. Anschließend laden wir unseren Partner auf die Veranda ein, holen uns etwas zu trinken und reden in Ruhe über die Themen.

Das heißt nicht, dass wir Probleme ignorieren sollten. Wir sollten jedoch nur darüber reden, wenn beide kontrolliert und in einem entspannten Zustand sind.

Dadurch werden keine emotionalen Dinge gesagt, die den anderen verletzen könnten.

Unkontrollierte Streitgespräche entwickeln sich nur in negativen Erfahrungen.

Erste Anzeichen, dass es kritisch wird

Woran erkennen wir, dass das Gespräch ein wenig überhitzt?

Wenn wir uns bedroht fühlen, setzen unsere Verteidigungsmechanismen ein. Dies wird auf unterschiedliche Weise an unserem Körper spür- und sichtbar:

- Unser Herz ist am rasen
- Wir fühlen, wie Blut in unser Gesicht strömt
- Unser Gesicht errötet und wird wärmer
- Unser Magen fängt an, sich zu drehen
- Wir spüren Druck auf unserer Brust
- Wir fangen an, schneller zu atmen
- Unsere Hände fangen an zu schwitzen

Warum ist es gefährlich, der Wut freien Lauf zu lassen?

Wenn wir wütend und emotional sind, lassen sich Themen nicht mehr gewinnbringend diskutieren.

Wenn die Dinge außer Kontrolle geraten, hören wir nicht mehr das, was der andere wirklich sagen möchte. Wir denken vielmehr darüber nach, wie wir unsere Selbstachtung schützen können.

Wenn Dinge regelmäßig außer Kontrolle geraten, beginnen wir unseren Partner mit Gefahr zu assoziieren. Es ist für unser Gehirn die gleiche Gefahr, die wir mit Tigern und anderen Raubtieren assoziieren.

Sobald diese Assoziation gefestigt ist, löst jedes gut gemeinte Verhalten unseres Partners Misstrauen und Unglauben aus.

Es ist die gleiche Art von Misstrauen und Unglaube, mit der wir einen Tiger beobachten würden, der um uns herumschweift.

Ein weiterer Grund, Wut nicht unkontrolliert herauszulassen, sind unsere Kinder.

Meistens bekommen unsere Kinder alles mit. Wenn sie dieses Verhalten einige Male beobachten, entwickeln sie unterbewusst die gleichen Verhaltensmuster.

Was tun, wenn die Situation heißer wird?

Wenn die Dinge beginnen, langsam außer Kontrolle zu geraten und wir wütend werden, sollten wir das Gespräch schnellstmöglich und freundlich beenden.

Erst, wenn wir wieder entspannt und ruhig sind, sollten wir das Gespräch weiterführen und nach einer gemeinsamen Lösung suchen.

Das heißt, dass wir das Gespräch nicht meiden, sondern zu einem anderen Zeitpunkt fortführen.

Gespräch freundlich beenden

Es gibt einige einfache Satzteile, die uns helfen, ein Gespräch bewusst und freundlich zu beenden, um es an einem anderen Zeitpunkt fortführen zu können:

- "Ich muss wieder runterkommen. Würdest du mir eine Minute geben?"
- "Lass uns bitte eine kurze Pause einlegen. Ich brauche einen Moment."
- "Ich spüre eine Spannung zwischen uns und ich möchte nicht anfangen, mit dir zu streiten. Lass mich in Ruhe darüber nachdenken. Würde dir heute Abend passen, um darüber zu reden?"
- "Ich fühle mich gerade aufgebracht / beleidigt / traurig."
- "Ich glaube, dass das nicht in die richtige Richtung geht. Lass uns später dazu reden."
- "Ich würde mich freuen, wenn wir das Thema etwas später fortführen können. Ich brauche etwas Zeit, um mich zu sortieren. Können wir das vielleicht heute Abend machen?"
- "Können wir eine kurze Pause machen? Ich merke, wie ich mich gerade aufrege."
- "Schatz, ich bin gerade aufgeregter, als ich gerne wäre. Ich denke es ist besser, wenn wir später darüber reden. Vielleicht morgen Abend bei einem Spaziergang?"
- "Ich höre, was du sagst und es geht nicht darum wegzulaufen, aber ich merke, wie aufgeregt ich werde. Können wir später darüber reden?"

Wichtig dabei ist, dass wir nicht arrogant oder bevormundend klingen. Wir sollten dies so ehrlich sagen, wie wir können. Wir sollten unserem Partner dabei in die Augen schauen und unseren Ton mildern.

Nachdem wir das gesagt haben, sollten wir nicht mehr argumentieren und nichts mehr kommentieren.

Wenn unser Partner versucht, uns langsam wieder in das Gespräch zu ziehen, sollten wir dem Verlangen widerstehen.

Wir können ruhig erklären, warum wir pausieren wollen und einen gemeinsamen Zeitpunkt für das nächste Gespräch vorschlagen.

Wir sollten deutlich machen, dass das keine Flucht vor dem Thema ist, sondern, dass wir konstruktiv daran arbeiten wollen.

Runterkommen

Nachdem wir das Gespräch kurzzeitig unterbrochen haben, sollten wir die Zeit nutzen, um emotional vom Thema runter zu kommen.

Wir sollten unsere negativen Gefühle nicht herauslassen, indem wir uns über unseren Partner ärgern. Wir sollten negative Gedanken vollständig meiden, weil sie unseren Ärger nur erhöhen.

Es gibt verschiedene Möglichkeiten, die uns helfen, sich zu beruhigen und wieder runter zu kommen.

Seinen Körper zu bewegen, ist die einfachste Art sich zu entspannen. Wir sollten unseren ganzen Körper mit Armen und Beinen in Bewegung bringen, und nicht nur die Finger über die Tastatur fliegen lassen.

Wenn wir aktiv in Bewegung sind und unser Herz mit 150 Schlägen pro Minute schlägt, ist es schwer negativ zu denken.

Das ist der Grund, warum Joggen bei mentalem Stress entspannter wirkt als langsames Spazierengehen.

Wenn wir uns aktiv bewegen, werden verschiedene Glückshormone in unserem Gehirn ausgeschüttet. Dieselben Glückshormone werden auch ausgeschüttet, wenn wir Lachen oder Sex haben.

Wir müssen uns zuerst gut fühlen und dann nach einer Lösung suchen. Unseren Körper aktiv zu bewegen, lässt uns gut fühlen und hilft, Spannungen loszuwerden.

Anstatt Sport können wir auch andere Dinge erledigen, die uns aktiv halten. Wir können den Müll rausbringen, die Spülmaschine ausräumen, die Wäsche machen, die Garagentür reparieren oder mit den Kindern im Garten spielen.

Manchmal reicht auch schon ein kurzer Perspektivwechsel, indem wir sagen "Schatz, ich brauche ein Glas Wasser, möchtest du auch was?". Der Gang in die Küche ermöglicht uns, einen kurzen Perspektivwechsel wahrzunehmen und die Situation zu entspannen.
Außerdem signalisiert es unserem Partner, dass wir uns trotz der Meinungsverschiedenheit um ihn kümmern.

Eine andere Möglichkeit ist der Gang ins Bad. Auf dem Weg dorthin haben wir einen Perspektivwechsel. Im Bad können wir uns das Gesicht oder die Hände mit kaltem Wasser abwaschen. Es hilft uns, runter zu kommen und seine Perspektive zu wechseln.

Anschließend können wir einige Male tief in den Bauch einatmen und die Luft für 10 Sekunden halten.
Tiefe Bauchatmung hat eine beeindruckende Wirkung auf unser Stressniveau.

Alternativ können wir auch für 2 Minuten in den Spiegel lächeln. Auch, wenn sich dieses Lächeln zunächst unnatürlich anfühlt, werden wir merken, wie wir uns zunehmend besser fühlen.

Wenn wir unsere Lachmuskeln nutzen, kann unser Gehirn nicht unterscheiden, ob es sich um ein echtes oder künstliches Lächeln handelt. Durch das Lachen werden Glückshormone ausgeschüttet, wodurch wir uns wirklich besser fühlen.

Das Ergebnis ist meist, das wir mit einem echten Lächeln und einer positiveren Stimmung in das Gespräch zurückkehren können.

Räumliche Perspektive verändern

"Verändere die Perspektive und du veränderst dein Leben."– Dave Hardy

Indem wir unsere räumliche Perspektive verändern, können wir die Perspektive auch inhaltlich leichter wechseln.

Wenn wir auf dem Sofa sitzen, können wir zu einem Stuhl wechseln. Wenn wir sitzen, können wir uns hinstellen. Wenn wir stehen, können wir uns hinsetzen. Wenn wir an einer Stelle im Raum sind, können wir uns an eine andere Stelle im Raum bewegen und dort die Unterhaltung fortführen.

Wenn die Auseinandersetzung in der Küche begonnen hat, können wir sie im Wohnzimmer fortführen.

Wir können auch für einen Spaziergang nach draußen gehen und die frische Luft genießen.

Durch diesen physischen Perspektivwechsel wird uns der mentale Perspektivwechsel leichter fallen.

Lösung nicht herbeizwingen

Bei schwierigeren Problemen und Herausforderungen sollten wir nicht darauf drängen, schon im ersten Gespräch eine Lösung herbeizuzwingen.

Auch wenn es gut ist, Konflikte so schnell wie möglich zu lösen, sollten wir uns bei emotionalen Themen die Zeit nehmen, die wir brauchen. Dadurch verhindern wir emotionale Ausbrüche.

Ein angespanntes Gespräch zu pausieren und auf einen anderen Zeitpunkt zu verlegen, bringt verschiedene Vorteile mit sich.

Manchmal ist es besser, eine Nacht über ein Thema zu schlafen, als in der Hitze des Gesprächs seinen Partner innerlich zu verletzen.

Nach einer Pause haben wir neue und frische Lösungsansätze. Häufig brauchen wir einfach nur etwas Zeit, um gedanklich verschiedene Perspektiven zu durchleuchten.

Wenn wir uns Zeit nehmen, tun wir uns und unserer Beziehung einen großen Gefallen.

Wichtig ist, dass wir das Gespräch nicht nur verschieben, sondern zu einem späteren Zeitpunkt auch wirklich fortführen.

23 WIN-WIN-LÖSUNG

In einer glücklichen Beziehung geht es nicht darum, sich für den anderen aufzuopfern. Es geht darum, eine passende Lösung zu finden, die für beide gut ist.

Wir treffen täglich Hunderte von Entscheidungen. Manchmal sind es kleinere Entscheidungen, wie das nächste Abendessen und das nächste Reiseziel.

Manchmal sind es größere Entscheidungen, wie der Umzug in eine andere Stadt, weil der Partner eine Beförderung erhalten hat.

Die Zustimmung für eine Entscheidung, hinter der wir stehen, kann das Gefühl der Verbundenheit und Harmonie stärken. Andernfalls entstehen Frustration und Ärger.

Ein falscher Ansatz

Paare entwickeln im Laufe der Zeit ihre ganz eigenen Konfliktlösungsmuster. Manchmal streiten sie für eine Weile und geben das Thema dann komplett auf, ohne eine Lösung gefunden zu haben.

Manchmal gibt einer von beiden auf, weil er dem anderen einen Gefallen tun möchte. Manchmal gewinnt der, der am meisten darauf besteht, aggressiver ist oder über bessere kommunikative Fähigkeiten verfügt.

Nach einigen Jahren solcher Lösungsansätze kann ein Gefühl der Leere entstehen. Wir fühlen uns so, als hätten wir nie die Chance das zu tun, was wir wollen.

Es gibt verschiedene negative Konfliktlösungsstrategien, die gemieden werden sollten. Dazu gehören:

- **Kämpfen und gewinnen wollen:** Wenn man darauf besteht, eine Argumentation zu gewinnen, muss der andere zwingend verlieren. Wenn wir keine Rücksicht darauf nehmen, was der andere will, erzeugen wir nur Wut, Abwehrhaltung und Depressionen.

- **Flüchten und vermeiden:** Wenn man einen Konflikt um jeden Preis vermeiden und davor flüchten möchte, endet es in verschiedenen schlechten Gewohnheiten wie übermäßigem Alkoholkonsum, Essstörungen, übermäßigem TV-Konsum und vielen anderen Dingen, in die man flüchten könnte.

- **Themen nicht zu Ende bringen:** Wenn man viele Themen beginnt und nicht zu Ende bringt, entstehen Spannungen und eine chronische Unentschlossenheit. Wir verlieren das Gefühl für Sicherheit und Klarheit.

- **Ständiges Nachgeben:** Wenn man ständig nachgibt und auf eigene Interessen verzichtet, um die Beziehung aufrechtzuerhalten und nett zu sein, entsteht ein Ungleichgewicht in der Beziehung.

Diese Verhaltensmuster führen auf Dauer zu negativen Gefühlen, die der Beziehung langfristig schaden.

Der bessere Ansatz, eine Win-win-Lösung

Glücklicherweise gibt es immer eine bessere Lösung, in der die Interessen von beiden berücksichtigt sind.

Mit dem richtigen Ansatz können kleine und große Entscheidungen schneller und strukturierter getroffen und die Interessen von beiden berücksichtigt werden.

Egal, ob wir klären wollen, was es zum Abendessen gibt, welche Wohnung gemietet wird oder welches Haus gekauft werden soll.

Der Win-win-Ansatz kann immer eingesetzt werden, wenn wir vor einer Entscheidung stehen oder zwei unterschiedliche Interessen vorhanden sind.

Der Win-win-Ansatz ist eine Kombination verschiedener Punkte, die bereits angesprochen wurden, und besteht aus drei einfachen Schritten.

1. Sagen, was wir möchten

Es ist wichtig, dass wir freundlich sagen, was wir möchten: "Ich würde gerne...".

Es ist wichtig, dass wir es vermeiden darüber zu sprechen, was wir nicht wollen, wie: "Ich möchte diesen Abend nicht zu Hause bleiben.".

Sätze, in denen wir sagen, was wir nicht wollen, sind weniger effektiv.

Besser ist: "Ich würde heute Abend gerne mit dir ausgehen.".

2. Die Sorgen des anderen erkunden

Dies ist der wichtigste Schritt. In diesem Schritt wollen wir die Gedanken, Präferenzen und den ursprünglichen Wunsch des anderen besser verstehen.

Wir können dafür die W-Fragen nutzen: "Was meinst du damit?", "Hilf mir zu verstehen, wie du…", "Was macht es dir so wichtig?".

Wir sollten vermeiden nach dem Warum zu fragen. Warum-Fragen führen zu einer Abwehrhaltung und halten uns bei unserer ursprünglichen Position.

3. Eine Win-win-Lösung vorschlagen

Wir wissen jetzt, was unseren Partner bewegt und welche Bedürfnisse ihn dazu bringen, das zu wollen, was er will.

An der Stelle ist es wichtig, kreativ zu sein. Es gibt immer eine dritte bessere Lösung. Wir sollten nicht an unserem ursprünglichen Vorschlag festhalten und anfangen, diesen zu rechtfertigen. Damit würden wir den Sinn des Win-win-Ansatzes zunichtemachen

Schließlich versuchen wir nicht unseren Partner zu verstehen, damit wir ihn noch präziser von unserer Idee überzeugen können. Wir wollen einen besseren Vorschlag finden, in denen beide Bedürfnisse berücksichtigt sind.

Beispiel: Steffi und Jeff bereiten das Abendessen vor

In dem nächsten Beispiel werden wir die drei Schritte durchlaufen. Es soll eine Idee vermitteln, wie ein solches Gespräch verlaufen könnte.

Schritt 1: Sagen, was wir möchten

Steffi: “Lass uns heute Abend irgendwo essen gehen. Was hältst du davon?”

Jeff: “Hmm. Was wäre, wenn wir heute zu Hause bleiben und hier gemeinsam essen?”

Schritt 2: Die Sorgen des anderen erkunden

Steffi: “Um ehrlich zu sein, würde ich nur ungern kochen. Du weißt, wie gerne ich etwas Leckeres vorbereite. Die letzten Wochen waren nur so anstrengend und ich würde gerne mal wieder etwas Zeit mit dir verbringen.

Kannst du dich noch daran erinnern, als wir das letzte Mal beim Chinesen waren. Wir haben bis spät in den Abend gelacht und hatten eine echt schöne Zeit, bis wir fast rausgeworfen wurden. Neben dem Essen war es ein tolles Gefühl mit dir eine schöne Zeit zu haben.”

Jeff: “Ja, das war eine schöne Zeit. Ich kann mich noch an die Cocktails erinnern. Es war schön, dich den ganzen Abend lachen zu sehen. Es macht absolut Sinn, was du sagst, ich denke auch öfters an den schönen Abend.

Es ist nur so, dass ich in den letzten Wochen so viel unterwegs war und immer in Restaurants und Schnellimbissen gegessen habe. Als ich am Flughafen war, habe ich mir vorgestellt, wie wir zu Hause ein gemütliches Abendessen haben und eine schöne Zeit haben. Nichts Aufwendiges, ein paar Burger wären schon toll.

Wir könnten mit den Kindern darüber reden, was wir am Wochenende machen wollen. Es erinnert mich an meine Kindheit, wo wir Freitagabend gemeinsam mit der Familie eine schöne Zeit hatten und das Wochenende geplant haben.”

Schritt 3: Eine Lösung vorschlagen

Steffi: "Hmm, ich fühle mich etwas schlecht, wenn wir nur Burger auf dem Tisch haben und ich bin heute wirklich nicht in Stimmung, um etwas Aufwendiges vorzubereiten.

Einfach mal laut gedacht, was wäre, wenn wir etwas beim Chinesen bestellen und nach Hause liefern lassen?

Die Kinder würden es bestimmt lieben. Ich hätte auch noch eine Idee fürs Wochenende. Wir könnten Susie fragen, ob sie auf die Kinder aufpassen kann. Wir beide könnten dann abends noch ein paar Cocktails trinken gehen und eine schöne Zeit zu zweit haben. Was hältst du davon?"

Jeff: "Das klingt nach einer sehr guten Idee!"

Das Wichtigste beim Win-win-Ansatz ist, dass wir die wahren Bedürfnisse des anderen verstehen und darauf eingehen.

Wenn es schwierig wird

Es gibt Situationen, die nicht so leicht lösbar sind. Es kann scheinen, als ob es nur die eine oder die andere Lösung gibt.

Dazu gehört zum Beispiel der Umzug in eine weit entfernte Stadt. Es ist keine einfache Entscheidung, die sehr viele Konsequenzen mit sich bringt.

Bei diesen Fragen scheint es häufig, dass es leichter ist, einfach nachzugeben und die eigenen Zweifel oder Sorgen zu ignorieren.

Dies ist genauso falsch wie auf seine Entscheidung zu bestehen. Schließlich wollen wir ja das Beste für uns und unsere Beziehung. Die beste Lösung kann nur gefunden werden, wenn Fakten, Befürchtungen und Sorgen betrachtet und bewertet werden.

Es gibt verschiedene Dinge, die wir tun können, wenn es schwierig wird:

- Das Tempo rausnehmen und durchatmen.

- Sich Zeit nehmen, alle Zweifel zu betrachten.

- So spezifisch wie möglich sein. Indem wir Dinge spezifisch ansprechen, werden mögliche Lösungen sichtbar.

- Gedanken laut aussprechen. Es gibt keinen Platz für verborgene Gedanken, wenn man gemeinsam eine passende Lösung sucht. Wenn wir befürchten, dass wir die Gefühle des anderen verletzen könnten, können wir weiche Sätze formulieren.

- Sich gegenseitig aussprechen lassen und ermutigen, mehr zum Thema beizutragen: "Erzähl mir mehr...", "Ich höre...", "Kannst du das näher erläutern?".

- Regelmäßig das Gesagte zusammenfassen, um das gemeinsame Verständnis zu prüfen: "Lass mich sehen, ob ich das richtig verstanden habe...".

Ziel ist herauszufinden, was beide wollen. Häufig geht dies mit tiefgreifenden Befürchtungen und Wünschen einher.

Nicht immer wird eine Lösung sofort sichtbar sein. Manchmal wird es sogar unmöglich erscheinen. Wichtig ist, sich genügend Zeit zu nehmen. Manchmal hilft es, darüber zu schlafen.

Es ist leichter, zunächst verschiedene Vorschläge zu sammeln und sie anschließend zu bewerten. Je kreativer rumgesponnen werden kann, desto besser wird das Ergebnis.

Wenn eine mögliche Lösung entdeckt wurde, sollten wir sichergehen, dass sie von beiden getragen wird. Vielleicht wurde während der Lösungsfindung etwas nicht angesprochen.

Wir sollten wirklich danach fragen, ob die Lösung für den anderen und uns OK ist.

Wir sollten nach Zweifel und Themen Ausschau halten, die noch ungeklärt sein könnten. Wenn wir etwas finden, sollten wir den Elefanten im Raum ansprechen.

Wir sollten darauf achten, wie wir uns mit der gefundenen Lösung fühlen. Sind wir begeistert oder haben wir gemischte Gefühle? Gibt es etwas, das wir noch nicht angesprochen haben? Wenn ja, sollten wir dies unbedingt ansprechen.

Wenn unser Partner das Konzept einer Win-win-Lösung nicht kennt, liegt es an uns, diese herbeizuführen und das Gespräch freundlich zu moderieren.

Wir können dabei verschiedene Sprachmuster nutzen, die wir gelernt haben: "Lass mich sehen, ob ich das richtig verstanden habe..." oder "Was macht diesen Punkt so besonders für dich?".

Wenn wir eine Win-win-Lösung herbeiführen wollen, liegt es an uns, sich für die Meinungen und Bedürfnisse unseres Partners zu interessieren und diese in der Lösungsfindung zu berücksichtigen.

Wir müssen nicht allem, was unser Partner sagt zustimmen, wir sollten jedoch offen für dessen Meinung und Standpunkt sein.

Es ist nicht nur wichtig, was wir sagen, sondern auch wie wir es sagen. Unsere Körpersprache spielt dabei eine wichtige Rolle.

Wir sollten es vermeiden, mit verschränkten Armen zu sitzen und mit unserem Kopf eine ständige Nein-Bewegung zu schütteln, während unser Partner seinen Standpunkt erläutert.

Solange wir nach einer Win-win-Lösung streben, werden die Bedürfnisse von beiden berücksichtigt und befriedigt. Dies ist für eine langfristige und glückliche Beziehung sehr wichtig.

24 ANGEMESSEN ENTSCHULDIGEN

Mittlerweile kennen wir so einige Dinge, auf die wir achten können, um effizienter kommunizieren zu können.

Wir wissen, wie wir zuhören können, was wir fragen können, wie wir Themen sanft ansprechen können, wie wir eine Win-win-Lösung finden können und wie wir die Kontrolle bewahren und verhindern können, dass etwas aus dem Ruder gerät.

Die Wahrheit ist, dass trotz unserer besten Absichten etwas auch mal schieflaufen wird. Das ist normal, weil wir Menschen und keine Roboter sind. Es gibt keine patentierte Lösung, die in der Kommunikation zwischen Menschen pauschal funktioniert.

Manchmal machen wir Fehler, obwohl wir es besser wissen und manchmal laufen Dinge ungeplant aus dem Ruder.

Manchmal können es Dinge sein, die aufgrund einer Meinungsverschiedenheit entstehen. Manchmal können wir auch einfach etwas Unüberlegtes sagen, bei dem wir sofort merken, dass wir in ein Pfadnäpfchen getreten sind.

Wichtig ist, wie wir mit Situationen umgehen, in denen etwas schiefgelaufen ist. Situationen, in denen wir uns falsch verhalten haben oder etwas Falsches gesagt haben.

Es geht darum, sich bewusst und angemessen zu entschuldigen

Es kann passieren, dass wir versuchen uns zu entschuldigen und anschließend in einem noch größeren Konflikt feststecken als vorher. Vielleicht haben wir beim Versuch sich zu entschuldigen etwas gesagt, was das Feuer stärker zum Brennen gebracht hat.

Es ist hilfreich zu wissen, wann und wie wir uns entschuldigen können. Besonders langfristig hat das sehr viele Vorteile. Wir werden für unser Verhalten respektiert und wertgeschätzt.

Wenn jemand fair und freundlich zu uns ist, fällt es sehr schwer, sich dem zu widersetzen.

Ein einfaches "Schatz, es tut mir leid..." reicht häufig nicht aus. Wenn wir uns entschuldigen wollen, ist unser Vorgehen sehr wichtig.

1. Vollständig Runterkommen

Nur wenn wir ruhig und entspannt sind, sind wir bereit für eine Entschuldigung.

2. Reflektieren, was passiert ist

Es gibt einige hilfreiche Fragen, die uns helfen, das Geschehene zu reflektieren:

- Wie habe ich mich zu dem Zeitpunkt gefühlt?
- War ich im Stress? Warum?
- Was ging in meinem Kopf vor?

- Welche Befürchtungen hatte ich?
- Welche Informationen haben mir zu dem Zeitpunkt gefehlt?
- Welche Informationen hatte ich, die meinem Partner gefehlt haben?
- Was genau hat meinen Partner verärgert?
- Was habe ich daraus gelernt?
- Wie könnte ich in der Situation anders reagieren?
- Was werde ich das nächste Mal tun, wenn eine ähnliche Situation entsteht?

Umso objektiver wir darüber nachdenken, was passiert ist, desto besser und ehrlicher können wir uns entschuldigen. Es wird wahrscheinlicher, dass die Beziehung durch die Entschuldigung gestärkt wird.

3. Sich sanft nähern

Wir sollten ansprechen, dass wir uns entschuldigen wollen und fragen, ob jetzt der richtige Zeitpunkt dafür ist.

Ein aufrichtiger Blick in die Augen unseres Partners und eine sanfte Berührung können Wunder bewirken. Wir sollten Interesse und Respekt zeigen.

4. Reue zum Ausdruck bringen

Es ist wichtig, Ich-Sätze statt Du-Sätze zu wählen: "Es tut mir leid, dass ich...".

Wir sollten klar ansprechen, was uns leidtut und was wir getan haben. Wir sollten vermeiden über unseren Partner zu sprechen.

Falsch: "Es tut mir leid, dass du sauer auf mich geworden bist..."
Besser: "Es tut mir leid, dass ich…"

5. Verantwortung übernehmen

Tief durchatmen und zugeben, was wir getan haben: "Wie ungern ich es auch zugebe, ich bin verantwortlich für...." oder "Ich bin sauer auf mich, für mein Verhalten und was ich gesagt habe...".

6. Bekräftigen, dass es nicht beabsichtigt war

Auch wenn es wahrscheinlich allen klar ist, ist es wichtig, dass wir ansprechen, dass unser Verhalten nicht beabsichtigt war und dass wir niemanden verletzen wollten: "Ich wollte wirklich nicht, dass...".

Worte sind sehr wirkungsvoll und müssen manchmal ausgesprochen werden.

7. Die Umstände erklären

Wir sollten erklären, was passiert und warum es passiert ist. Wir sollten beschreiben, warum es aus unserer Sicht so passiert ist, wie es passiert ist und was der Auslöser dafür war.

Dabei sollten wir bewusst Ich-Sätze verwenden und auf das eingehen, was wir gefühlt haben. Wir sollten auch auf die Bedenken und Sorgen eingehen, die wir hatten.

Viele Dinge, die in uns vorgehen, sind anderen nicht klar. Wenn wir ihnen die Umstände erklären, können sie besser nachvollziehen, warum wir so reagiert haben.

8. Aus Fehlern lernen

Wir sollten ansprechen, was wir das nächste Mal besser machen wollen, wenn eine ähnliche Situation auftritt.

Es ist bedeutungsvoller als ein einfaches “Es tut mir leid.”, weil es zeigt, dass wir uns Gedanken gemacht haben und uns unser Verhalten wichtig ist.

Wenn wir einen Wunsch haben, wie unser Partner in Zukunft in ähnlichen Situationen reagieren sollte, können wir das ansprechen.

Wir sollten jedoch aufpassen, dass es sich nicht in Schuldzuweisungen entwickelt. Ansonsten ist der ganze Sinn unserer Entschuldigung verfehlt.

Entschuldigungen richtig empfangen

Es geht nicht nur darum sich angemessen zu entschuldigen, sondern Entschuldigungen auch angemessen annehmen zu können.

Nach einer Streitsituation ist es wichtig, dass man wieder zusammenkommt, um die Dinge neu zu sortieren.

Wenn wir eine Entschuldigung erhalten, sollten wir gut und verständnisvoll zuhören. Wir sollten dem anderen keine zusätzlichen Vorwürfe machen. Wir sollten einander umarmen und dem Partner tief in die Augen schauen.

Wenn unser Partner nicht mit der Vorgehensweise einer Entschuldigung vertraut ist, sollten wir den ersten Schritt machen. Unser Partner wird von unserem neuen Verhalten lernen.

Wir sollten nicht auf eine Entschuldigung warten, sondern selbst die Initiative ergreifen und dem anderen verzeihen.

Wenn wir eine liebevolle und freundliche Atmosphäre in unserer Beziehung wünschen, sollte Vergebung ein wichtiger Bestandteil unseres Verhaltens sein.

25 WIE GEHT ES WEITER?

Kein Buch dieser Welt kann unsere Probleme und Herausforderungen lösen. Wenn das so einfach wäre, hätte niemand irgendwelche Probleme oder Herausforderungen in seiner Beziehung.

Dieses Buch hilft uns jedoch, einige Dinge, die in unserer Beziehung geschehen besser zu verstehen. Es enthält einige Möglichkeiten, wie wir unsere individuellen Herausforderungen besser meistern können.

Dieses Buch enthält nicht die Antworten auf all unsere Fragen. Menschliche Beziehungen sind zu komplex, zu verschieden und zu individuell, um sie in einfache Formeln zu packen, die auf jeden anwendbar sind.

Dieses Buch soll uns helfen, uns und unseren Partner besser zu verstehen, schöne Momente zu teilen und Liebe im Alltag zu integrieren.

Wir sollten in der Lage sein, unsere Herausforderungen besser zu meistern, und gemeinsam ein schöneres Miteinander zu schaffen.

Lieben ist ein Tuwort. Es ist wichtig, nicht nur zu sagen, dass man den anderen liebt, sondern in den gewissen Situationen entsprechend handelt.

Wir können die Richtung unserer Beziehung zum Besseren verändern und umgehend damit beginnen.

Wir müssen nicht alles in diesem Buch Beschriebene auf einmal umsetzen und anwenden. Es würde uns und unseren Partner nur überfordern.

Wenn wir jedoch Woche für Woche und Monat für Monat daran arbeiten, wird unsere Beziehung angenehmer und freundlicher.

Jede kleine Veränderung hat große Auswirkungen. Wichtig sind die kleinen Schritte in die richtige Richtung. Wir sollten niemals aufhören, die Art, wie wir mit uns und unserem Partner umgehen und sprechen zu verbessern.

Jede Veränderung braucht seine Zeit. Wichtig ist, dass wir realistische Erwartungen haben. Wenn wir die Initiative ergreifen und alleine damit beginnen, die Dinge umzusetzen, wird sich das Verhalten unseres Partners mit der Zeit verändern.

Wir sollten darauf achten, nicht in unsere alten Gewohnheitsmuster zurückzukehren. Wir sollten uns nicht in emotionale Streitigkeiten verwickeln lassen.

Genauso wie es Wochen und Monate gedauert hat, um an dem jetzigen Punkt anzugelangen, dauert es seine Zeit, bis wir dort ankommen, wo wir hinwollen.

Es wird immer Höhen und Tiefen geben.

Es wird Tage geben, an denen wir denken, dass wir nicht viel erreicht haben. Es wird Tage geben, an denen wir einiges verkehrt machen.

Es wird aber genauso Tage geben, die einfach wunderschön sein werden. Es wird Tage geben, in denen wir uns liebevoll verhalten und unsere Beziehung zu strahlen beginnt.

Wir sollten darauf achten, dass wir unsere neuen Gewohnheiten beibehalten. Wir sollten ständig daran arbeiten, uns und unseren Partner besser kennenzulernen.

Wir können Meinungsverschiedenheiten dafür nutzen, um mehr über uns und unseren Partner zu erfahren.

Wir sollten niemals die Hoffnung in uns und unseren Partner aufgeben. Das, was wir heute tun, bestimmt, wie unsere Beziehung morgen sein wird.

Indem wir aktiv an unserer Beziehung arbeiten, arbeiten wir auch an uns. Wir werden feststellen, dass wir uns verändern. Unser gesamtes Umfeld wird merken, dass wir anders sind, anders handeln und anders reden.

Das Leben hat sehr viel Schönes zu bieten. Wir sind ein Teil davon und können unser Umfeld positiv bereichern.

QUELLEN UND STUDIEN

.

1. Indicators of well being in Canada [Internet] Ottawa: Employment and Social Development Canada. Family life - divorce; 2014. [cited 2014 Oct 14]. Available from: http://www4.hrsdc.gc.ca/.3ndic.1t.4r@-eng.jsp?iid=76.

2. Lebow JL, Chambers AL, Christensen A, Johnson SM. Research on the treatment of couple distress. J Marital Fam Ther. 2012 Jan;38(1):145–168. [PubMed]

3. Carr A. The evidence base for couple therapy, family therapy and systemic interventions for adult-focused problems. Journal of Family Therapy. 2014;36(2):158–194.

4. McLean LM, Walton T, Rodin G, Esplen MJ, Jones JM. A couple-based intervention for patients and caregivers facing end-stage cancer: outcomes of a randomized controlled trial. Psychooncology. 2013 Jan;22(1):28–38. [PubMed]

5. Manne SL, Kissane DW, Nelson CJ, Mulhall JP, Winkel G, Zaider T. Intimacy-enhancing psychological intervention for men diagnosed with prostate cancer and their partners: a pilot study. cited 2014 Oct 3; J Sex Med [Internet]. 2011 Apr;8(4):1197–1209. Available from: http://www.ncbi.nlm.nih.gov/pmc/articles/PMC3070795. [PMC free article] [PubMed]

6. Monson CM, Fredman SJ, Macdonald A, Pukay-Martin ND, Resick PA, Schnurr PP. Effect of cognitive-behavioral couple therapy for PTSD: a randomized controlled trial. JAMA. 2012 Aug 15;308(7):700–709. [PMC free article] [PubMed]

7. Belus JM, Baucom DH, Abramowitz JS. The effect of a couple-based treatment for OCD on intimate partners. J Behav Ther Exp Psychiatry. 2014;45(4):484–488. [PubMed]

8. Kamalabadi MJ, Ahmadi SA, Etemadi O, Fatehizadeh M, Bahrami F, Firoozabadi A. A study of the effect of couple dialectical behavioral therapy on symptoms and quality of marital relationships and mental health of Iranian borderline personality couples: A controlled trial. Interdisciplinary Journal of Contemporary Research in Business [Internet]. 2012 3(9):1480–1487. [cited 2014 Sep 26]; Available from: http://www.journal-archieves14.webs.com/1480-1487.pdf.

9. Abramowitz JS, Baucom DH, Boeding S, Wheaton MG, Pukay-Martin ND, Fabricant LE, et al. Treating obsessive-compulsive disorder in intimate relationships: a pilot study of couple-based cognitive-behavior therapy. Behav Ther. 2013 Sep;44(3):395–407. [PubMed]

10. Kroger C, Reisner T, Vasterling I, Schutz K, Kliem S. Therapy for couples after an affair: a randomized-controlled trial. Behav Res Ther. 2012 Dec;50(12):786–796. [PubMed]

11. Dalton EJ, Greenman PS, Classen CC, Johnson SM. Nurturing connections in the aftermath of childhood trauma: A randomized controlled trial of emotionally focused couple therapy for female survivors of childhood abuse. Couple and Family Psychology: Research and Practice. 2013;2(3):209–221.

12. Brouwers M, Kho ME, Browman GP, Burgers JS, Cluzeau F, Feder G, et al. AGREE II: advancing guideline development, reporting and evaluation in healthcare. CMAJ [Internet]. 2010 Dec;182(18):E839–E842. [cited 2014 Oct 14]; Available from: http://www.ncbi.nlm.nih.gov/pmc/articles /PMC3001530/pdf/182e839.pdf. [PMC free article] [PubMed]

13. Whiting PF, Rutjes AW, Westwood ME, Mallett S, Deeks JJ, Reitsma JB, et al. QUADAS-2: a revised tool for the quality assessment of diagnostic accuracy studies. Ann Intern Med. 2011 Oct 18;155(8):529–536. [PubMed]

14. Doss BD, Rowe LS, Morrison KR, Libet J, Birchler GR, Madsen JW, et al. Couple therapy for military veterans: overall effectiveness and predictors of response. Behav Ther. 2012 Mar;43(1):216–227. [PubMed]

15. Rowe LS, Doss BD, Hsueh AC, Libet J, Mitchell AE. Coexisting difficulties and couple therapy outcomes: psychopathology and intimate partner violence. J Fam Psychol. 2011 Jun;25(3):455–458. [PubMed]

16. Navidian A, Bahari F. The impact of mixed, hope and forgiveness-focused marital counselling on interpersonal cognitive distortions of couples filing for divorce. J Psychiatr Ment Health Nurs. 2014 Sep;21(7):658–666. [PubMed]

17. Lee BK, Awosoga O. Congruence couple therapy for pathological gambling: a pilot randomized controlled trial. J Gambl Stud. 2014 May 17 [PubMed]

18. Vizheh M, Pakgohar M, Babaei G, Ramezanzadeh F. Effect of counseling on quality of marital relationship of infertile couples: a randomized, controlled trial (RCT) study. Arch Gynecol Obstet. 2013 Mar;287(3):583–589. [PubMed]

19. Collins AL, Love AW, Bloch S, Street AF, Duchesne GM, Dunai J, et al. Cognitive Existential Couple Therapy for newly diagnosed prostate cancer patients and their partners: a descriptive pilot study. Psychooncology. 2013 Feb;22(2):465–469. [PubMed]

20. Balfour A, Lanman M. An evaluation of time-limited psychodynamic psychotherapy for couples: a pilot study. Psychol Psychother. 2012 Sep;85(3):292–309. [PubMed]

21. Conradi HJ, De JP, Neeleman A, Simons P, Sytema S. Partner attachment as a predictor of long-term response to treatment with couples therapy. J Sex Marital Ther. 2011;37(4):286–297. [PubMed]

22. Greenberg L, Warwar S, Malcolm W. Emotion-focused couples therapy and the facilitation of forgiveness. J Marital Fam Ther. 2010 Jan;36(1):28–42. [PubMed]

23. Dalgleish TL, Johnson SM, Burgess MM, Lafontaine MF, Wiebe SA, Tasca GA. Predicting change in marital satisfaction throughout emotionally focused couple therapy. J Marital Fam Ther. 2014 Jun 9 [PubMed]

24. Klann N, Hahlweg K, Baucom DH, Kroeger C. The effectiveness of couple therapy in Germany: a replication study. J Marital Fam Ther. 2011 Apr;37(2):200–208. [PubMed]

25. Makinen JA, Johnson SM. Resolving attachment injuries in couples using emotionally focused therapy: steps toward forgiveness and reconciliation. J Consult Clin Psychol. 2006 Dec;74(6):1055–1064. [PubMed]

26. Schumm JA, O'Farrell TJ, Murphy CM, Fals-Stewart W. Partner violence before and after couples-based alcoholism treatment for female alcoholic patients. J Consult Clin Psychol [Internet]. 2009 Dec;77(6):1136–1146. [cited 2014 Oct 14]; Available from: http://www.ncbi.nlm.nih .gov/pmc/articles/PMC2819228. [PMC free article] [PubMed]

27. National Institute for Health and Clinical Excellence. Depression in adults: the treatment and management of depression in adults [Internet] London: NICE; 2009. [cited 2014 Oct 15]. (NICE clinical guideline 90). Available from: http://www.nice.org.uk/guidance/cg90/resources/guidance-depression-in-adults-pdf.

28. Sexton T, Gordon KC, Gurman A, Lebow J, Holtzworth-Munroe A, Johnson S. Guidelines for classifying evidence-based treatments in couple and family therapy. Fam Process. 2011 Sep;50(3):377–392. [PubMed].

29. Bradley, B. & Furrow, J. (2007) Inside Blamer Softening: Maps and Missteps. Journal of Systemic Therapies, 26, 25-43

30. Makinen, J. A. & Johnson, S. (2006) Resolving Attachment Injuries in Couples using EFT: Steps Toward Forgiveness and Reconciliation. Journal of Consulting and Clinical Psychology. 74(6), 1055-1064

31. Naaman, S., Pappas, J. D., Makinen, J. A., Zuccarini, D. Johnson-Douglas, S. (2005) Treating Attachment Injured Couples with Emotionally Focused Therapy: A Case Study. Psychiatry: Interpersonal & Biological Processes, 68 (1), 55-77

32. Bradley, B. & Furrow, J. L. (2004) Toward a Mini-theory of the Blamer Softening Event: Tracking the Moment-by-Moment Process. Journal of Marital and Family Therapy, 233-246

33. Johnson, S. M. (2003) The Revolution in Couples Therapy: A Practitioner-Scientist Perspective. Journal of Marital and Family Therapy, 29, 365-385.

34. Dessaulles, A., Johnson, S. M. & Denton, W. (2003) Emotion Focused Therapy for Couples in the Treatment of Depression: A Pilot Study. American Journal of Family Therapy, 31, 345-353.

35. Johnson, S. & Makinen, J. A. (2003) Emotionally Focused Approach to Working with Traumatized Couples. In D. K. Snyder & M. A. Whisman (Eds.), Treating difficult couples. New York: The Guilford Press

36. Clothier, P., Manion, I., Gordon Walker, J. & Johnson, S. M. (2002) Emotionally Focused Interventions for Couples with Chronically Ill Children: A two year follow-up. Journal of Marital and Family Therapy, 28, 391-399

37. Palmer, G. & Johnson, S.M. (2002) Becoming an Emotionally Focused Therapist. Journal of Couple and Relationship Therapy, 1, No 3, 1-20. Haworth Press.

38. Johnson, S.M., Makinen, J. & Millikin, J. (2001) Attachment Injuries in Couples Relationships: A New Perspective on Impasses in Couple Therapy. Journal of Marital and Family Therapy, 27, 145-156.

39. Denton W. et al. (2000) A Rationalized Trial of Emotionally Focused Therapy for Couples. Journal of Marital and Family Therapy, 26, pp. 65-78.

40. Johnson, S., Hunsley, J., Greenberg, L. & Schindler, D. (1999) Emotionally Focused Couples Therapy: Status & challenges (A meta-analysis). Journal of Clinical Psychology: Science and Practice, 6,67-79.

41. Gordon-Walker, J., Manion, I. & Clothier, P. (1998) A Two-year Follow-up on an Emotionally Focused Intervention for Couples with Chronically Ill Children. Journal of Martial and Family Therapy, 28, 391-399

42. Johnson, S., Maddeaux, C. & Blouin, J. (1998) Emotionally Focused Family Therapy for Bulimia: Changing Attachment Patterns. Psychotherapy: Theory, Research & Practice, 35, 238-247.

43. Baucom, D., Shoham, V., Mueser, K., Daiuto, A. & Stickle, T. (1998) Empirically Supported Couple and Family Interventions for Marital Distress and Adult Mental Health Problems. Journal of Consulting & Clinical Psychology, 58, 53-88.

44. Talitman, E. & Johnson, S. (1997) Predictors of Outcome in Emotionally Focused Marital Therapy. Journal of Marital & Family Therapy, 23, 135-152.

45. Gordon-Walker, J., Johnson, S., Manion, I. & Cloutier, P. (1996) An Emotionally Focused Marital Intervention for Couples with Chronically Ill Children. Journal of Consulting & Clinical Psychology, 64, 1029-1036.

46. Dandeneau, M. & Johnson, S, (1994) Facilitating Intimacy: A Comparative Outcome Study of Emotionally Focused and Cognitive Interventions. Journal of Marital & Family Therapy, 20, 17-33.

47. Goldman, A. & Greenberg, L. (1992) Comparison of Integrated Systemic and Emotionally Focused Approaches to Couples Therapy. Journal of Consulting and Clinical Psychology, 60(6), 962-969.

Feeling Loved

Die Ratschläge in diesem Buch sind vom Autor und vom Verlag sorgfältig erwogen und geprüft worden. Sie bieten jedoch keinen Ersatz für kompetenten medizinischen Rat. Alle Angaben in diesem Buch erfolgen daher ohne jegliche Gewährleistung oder Garantie seitens des Verlages oder des Autors. Eine Haftung des Autors bzw. des Verlages für Personen-, Sach- und Vermögensschäden ist ebenfalls ausgeschlossen.

Cover Design by Emily Karen

Amazon Publishing

Herausgeber

SGS, Veronika Penner, Piperweg 43, 33813 Oerlinghausen

ISBN: 154467239X
ISBN-13: 978-1544672397

Feeling Loved

17782807R00072

Printed in Poland
by Amazon Fulfillment
Poland Sp. z o.o., Wrocław